Mateusz Adamski

Tajemnica bankowa w świetle prawa polskiego i państw europejskich

Mateusz Adamski

Tajemnica bankowa w świetle prawa polskiego i państw europejskich

Wybrane zagadnienia

Wydawnictwo Bezkresy Wiedzy

Impressum / Imprint
Bibliografische Information der Deutschen Nationalbibliothek: Die Deutsche Nationalbibliothek verzeichnet diese Publikation in der Deutschen Nationalbibliografie; detaillierte bibliografische Daten sind im Internet über http://dnb.d-nb.de abrufbar.

Informacja bibliograficzna Niemieckiej Biblioteki Narodowej: Niemiecka Biblioteka Narodowa rejestruje tę publikację w Niemieckiej Bibliografii Narodowej; szczegółowe informacje bibliograficzne dostępne są w Internecie na stronie http://dnb.d-nb.de.

Coverbild / Okładka: www.ingimage.com

Verlag / Wydawnictwo:
Wydawnictwo Bezkresy Wiedzy
ist ein Imprint der / jest znakiem handlowym
OmniScriptum GmbH & Co. KG
Heinrich-Böcking-Str. 6-8, 66121 Saarbrücken, Deutschland / Niemcy
Email: info@bezkresywiedzy.com

Herstellung: siehe letzte Seite /
Druk: patrz ostatnia strona
ISBN: 978-3-639-89057-0

SPIS TREŚCI

WSTĘP

Przedmiotem niniejszej pracy jest problematyka tajemnicy bankowej w ujęciu uregulowań prawnych przyjętych w Polsce oraz w wybranych państwach europejskich. Opracowanie zawiera analizę obowiązku zachowania tajemnicy bankowej, odpowiedzialności z tytułu jej niezachowania w polskim systemie prawnym oraz przedstawia rozwiązania prawne przyjęte w tym zakresie w innych państwach europejskich.

Zasada dyskrecji czy tajemnicy bankowej (banking secrecy, secret bancaire, Bankgeheimnis) jest jedną z charakterystycznych cech obrotu bankowego, która ściśle, a wręcz nierozerwalnie łączy się z działalnością depozytową oraz postrzeganiem banków jako instytucje zaufania publicznego.[1] Śladów obowiązywania tajemnicy bankowej w transakcjach finansowych niektórzy autorzy dopatrują się już w najdawniejszych źródłach prawnych i wskazują za przykład Kodeks Hammurabiego, prawo rzymskie czy Lex Romana Visigothorum [2].

W prawie polskim źródła obowiązywania tajemnicy bankowej zapisano w aktach najwyżej rangi, tj. Konstytucji oraz ustawach. W ustawie zasadniczej obowiązek poufności w stosunku do wiadomości o klientach i zleconych przez nich czynności bankowych, został wyrażony w artykule 47. Formułuje on konstytucyjną zasadę ochrony prawa do prywatności. Jednym z elementów życia prywatnego jest bowiem sytuacja materialna, a więc stan majątkowy człowieka. W zakres pojęcia stan majątkowy wchodzą m.in. wysokość oszczędności, stan konta bankowego czy dokonywane operacje finansowe. Wiadomości i informacje określone przez prawo, jako objęte tajemnicą w dużym stopniu są jednocześnie elementami życia

[1] J. Gliniecka, Tajemnica bankowa w ujęciu prawnym, Sopot 1999, s. 19 i n.
[2] Lex Romana Visigothorum (Rzymski Kodeks dla Wizygotów) z 506 r. zwany także Breviarium Alarici(anum) (Brewiarz Alaryka) – zbiór reskryptów cesarskich wraz z prawniczymi komentarzami. Lex Romana Visigothorum stanowi sumę późnorzymskiego prawa i aż do środkowego średniowiecza oddziaływał na prawodawstwo południowo-zachodniej Europy.

prywatnego chronionymi przez normę konstytucyjną.[3] Potwierdził to Trybunał Konstytucyjny, stwierdzając w swoim orzeczeniu, że „prawo do prywatności obejmuje też ochronę tajemnicy danych dotyczących sytuacji majątkowej obywatela, a więc odnosi się także do posiadanych przez niego rachunków bankowych (i podobnych) oraz dokonywanych przez niego transkacji"[4]. Jeśli chodzi o akty rangi ustawowej, to tajemnica bankowa jest regulowana przede wszystkim w ustawie z 27 sierpnia 1997 r. Prawo bankowe.[5]

Na wstępie warto odpowiedzieć sobie na pytanie czym tak naprawdę jest tajemnica bankowa. Według definicji leksykalnej (słownikowej) tajemnica bankowa oznacza „wynikający z Prawa bankowego zakaz ujawniania określonej informacji jako samą informację, której powinności nie ujawniania dotyczy".[6] Natomiast definicę legalną można wyinterpretować z samej ustawy Prawo bankowe. Art. 104 tejże ustawy stanowi, że „bank, osoby w nim zatrudnione oraz osoby, za których pośrednictwem bank wykonuje czynności bankowe, są obowiązane zachować tajemnicę bankową, która obejmuje wszystkie informacje dotyczące czynności bankowej, uzyskane w czasie negocjacji, w trakcie zawierania i realizacji umowy, na podstawie której bank tę czynność wykonuje." Tajemnica bankowa oznacza, więc wszystkie informacje dotyczące czynności bankowej, uzyskane w czasie negocjacji, w trakcie zawierania i realizacji umowy, na podstawie której bank tę czynność wykonuje. Obowiązek zachowania tajemnicy bankowej leży po stronie banku, osób w nim zatrudnionych oraz osób za pośrednictwem których bank wykonuje czynności bankowe. Zachowanie tajemnicy bankowej należy do obowiązków, które na banki ustawodawca nakłada w rozdziale 8 ustawy Prawo bankowe, zatytułowanym: Szczególne obowiązki i uprawnienia banków. Podsumowując można stwierdzić, iż ochrona informacji objętych tajemnicą bankową jest jednym z najważniejszych

---

[3] J. Królikowski, Ryzyko niezachowania tajemnicy bankowej, „Rzeczpospolita" z 6 czerwca 2006 r.

[4] Orzeczenie TK z dn. 24 czerwca 1997 r., K. 21/96, OTK 1997, nr 2, poz. 23, s. 15

[5] Ustawa z dnia 29 sierpnia 1997 r. Prawo Bankowe (Dz. U. z 1997r, Nr 140, poz. 939, zm.: Dz.98.162.1118, Dz.U.98.160.1063, Dz.U.99.11.95, Dz.U.99.40.399, Dz.U.00.93.1027, Dz.U.00.94.1037, Dz. 00.114.1191, Dz. U.00.116.1216, Dz. U.00.119.1252, Dz. U.00.122.1316, Dz. U. 01.8.64).

[6] E. Sobol, Nowy słownik języka polskiego, Warszawa 2002, s. 1016.

obowiązków nałożonych na banki przez ustawę Prawo bankowe, a sama tajemnica bankowa należy do tajemnic zawodowych związanych z wykonywaniem określonych profesji.

Za główne składniki konstrukcji tajemnicy bankowej można uznać ochronę prywatności klientów oraz ochronę interesów samego banku. To właśnie dzięki istnieniu zasad tajemnicy bankowej nie mogą wydostać się na zewnątrz (poza instytucję) żadne informacje finansowe oraz gospodarcze, które mogłyby w warunkach wolnego rynku i konkurencji zaszkodzić bankom oraz ich klientom.

Głównym beneficjantem tajemnicy bankowej jest klient banku – instytucja ta służy ochronie jego praw. Osoba, której dotyczą informacje objęte tajemnicą bankową posiada konstytucyjnie zagwarantowane prawo do ochrony informacji jej dotyczących. Właścicielem tajemnicy jest zawsze klient banku i tylko on może nią rozporządzać, a bank jest zobowiązany do jej bezwzględnego zachowania. Jeżeli osoba taka wyraża wolę udostępnienia informacji, (które ustawodawca chroni właśnie wyłącznie w jej interesie, a nie interesie banku), to nie ma przeszkód, ani ograniczeń, aby dana osoba zrezygnowała w konkretnej sytuacji z przysługującej mu ochrony. Obowiązek zachowania tajemnicy bankowej nie jest jednak nieograniczony. Ustawodawca określa w Prawie bankowym precyzyjny i zamknięty katalog zwolnień z obowiązku zachowania tajemnicy dotyczących wskazanych w ustawie przypadków (zwolnienia przedmiotowe – art. 104 ust. 2) jak i konkretnych ustawowo upoważnionych podmiotów (zwolnienia podmiotowe - art. 105 ust. 2 tj. w szczególności: Komisja Nadzoru Finansowego, sąd, prokuratura – w związku z toczącym się przeciwko posiadaczowi konta postępowaniem karnym).

Praca zatytułowana "Tajemnica bankowa w świetle uregulowań prawa polskiego i wybranych państw europejskich" podzielona została na trzy rozdziały. Ze względu na to, że tematyka tajemnicy bankowej jest obszerna – łączy się z kwestią ochrony danych osobowych – to główny nacisk położony został tylko na wybranej problematyce, tj. tajemnicy bankowej w polskim prawie bankowym oraz tajemnicy bankowej w ustawodawstwie innych wybranych państw europejskich.

Przed zaprezentowaniem właściwych zapisów prawnych, regulujących obowiązki instytucji pośrednictwa finansowego w zakresie tajemnicy bankowej, przybliżone zostanie najpierw zagadnienie samej instytucji banku. Biorąc pod uwagę tematykę pracy będzie to ukazanie banku, jako instytucji zaufania publicznego. Warto zaznaczyć, że same przepisy prawa nie tylko nie używają wprost takiego określenia, ale również nie wskazują nam jakie konsekwencje wynikają z faktu powszechnego uznawania banków za podmioty zaufania publicznego.

Następnie przedmiotem analiz będzie ujęcie tajemnicy bankowej w ustawodawstwie krajowym, tj. przede wszystkim ustawa Prawo bankowe. Rozwinięta zostanie definicja samego pojęcia oraz w sposób wyczerpujący zaprezentowane zostaną ustawowe regulacje tajemnicy, jaką obowiązane przestrzegać są banki. Wykorzystanie informacji objętych tajemnicą bankową pokazane zostanie na dwóch płaszczyznach. Po pierwsze przybliżona zostanie kwestia przetwarzania danych osobowych przez banki. Znajdzie się tutaj opis zasad, podstaw dopuszczalności, obowiązków informacyjnych administratora oraz prawa klientów. Drugą płaszczyznę będzie stanowić natomiast analiza roli, jaką odgrywają Biura Informacji Kredytowej SA oraz Związek Banków Polskich. Możliwości uchylenia tajemnicy bankowej przeanalizowane zostaną w rozbiciu na poszczególne instytucje, które mogą ubiegać się o udostępnienie takich danych. Chodzi tutaj o: przekazywane za granicę danych osobowych objętych taemnicę bankową, ujawnianie osobom trzecim informacji stanowiących tajemnicę bankową na podstawie upoważnienia, udzielenie przez bank informacji objętch tajemnicą bankową Komisji Nadzoru Finansowego, Generalnemu Inspektorowi Kontroli Skarbowej, sądom oraz prokuraturze, prezesowi Najwyżej Izby Kontroli, biegłemu rewidentowi, służbom ochrony państwa, Policji, komornikowi sądowemu, organom podatkowym oraz organom kontroli celnej,

Zakładowi Ubezpieczeń Społecznych, a także Generalnemu Inspektorowi Informacji Finansowej.

W rozdziale trzecim zaprezentowane zostaną uregulowania tajemnicy bankowej w innych państwach europejskich. Przedmiotem mojej analizy będą rozwiązania prawne przyjęte w tym zakresie w Szwajcarii oraz w Niemczech.

Na koniec przedstawione zostaną wnioski oraz podsumowanie przedstawionych rozwiązań prawnych.

1. BANK JAKO INSTYTUCJA ZAUFANIA PUBLICZNEGO

Podstawowym powodem dla uznania banków za instytucję zaufania publicznego jest fakt prowadzenia przez nie działalności depozytowej, która polega na przyjmowaniu od klientów wkładów pieniężnych. Banki prowadząc taką działalność - opartą na powierzonych im depozytach - muszą brać pod uwagę nie tylko własne interesy, ale także swoją odpowiedzialność wobec społeczeństwa.[7] Stąd należy je traktować jako jednostki świadczące sui generis usługi publiczne, a nie jak zwykłe podmioty gospodarcze.[8]

Banki należy uznać za istotny element gospodarki wolnorynkowej, a prowadzona przez nie działalność obciążona jest określonym ryzykiem. Z. Ofiarski w swoim opracowaniu zatytułowanym „Prawo bankowe"[9] zaznacza, że „stabilne i bezpieczne funkcjonowanie systemu bankowego ma (...) znacznie ogólnospołeczne, a ze względu na ponadgraniczny charakter wielu usług bankowych – również istotny wymiar międzynarodowy". Ponadto stwierdza on, że banki są instytucjami zaufania publicznego, a podmioty korzystające z ich usług są przeświadczone, że oferowane im usługi zostaną wykonane profesjonalnie i w sposób bezpieczny.

Bankowość w świadomości nie tylko krajowej, ale również międzynarodowej od dawna kojarzy się z bezpieczną formą przechowywania środków pieniężnych, a zaufanie jest jej niedołącznym elementem. Taki wizerunek kształtował się od czasu, kiedy pojawiły się pierwsze instytucje pośrednictwa finansowego, jakim są banki. Powoduje to, że wizerunek ten jest gęboko zakorzeniony w świadomości społecznej. Bank, jako instytucję o wyjątkowym charakterze, pewną i bezpieczną można określić jako swoisty archetyp, który nie ulega zmianom związanym z ciągłym rozwojem

---

[7] M. Dąbrowska, Bank jako instytucja zaufania publicznego, Bankowy Fundusz Gwarancyjny, 2005, rozdział pracy magisterskiej nt. Bezpieczeństwo działalności bankowej na gruncie prawnym, nagrodzonej II nagrodą w Konkursie na najlepszą pracę magisterską z zakresu systemów gwaratnowania depozytów, problematyki działalności Bankowego Funduszu Gwarancyjnego oraz bezpieczeństwa banków. Praca obroniona na Wydziale Prawa i Administracji Uniwersytetu Wrocławskiego. Promotor – prof. zw. dr hab. Eugenia Fojcik-Mastalska, s. 6
[8] L. Góral, Nadzór bankowy, Warszawa 1998, s. 29.
[9] Z. Ofiarski, Prawo bankowe, wyd.3, Warszawa 2008,

sektora ekonomicznego i gospodarczego, w jakim przecież funkcjonują banki.[10] Szereg czynników wśród których można by wymienić m.in. rozwój techniki czy szybszy przepływ informacji powodują, że coraz łatwiejsze staje się wykorzystywanie wizerunku banku jako instytucji znajdującej się pod specjalnym nadzorem państwa, dla osiągnięcia sprzecznych z prawem korzyści. Warto zwrócić uwagę na fakt, iż jeśli nawet same banki u przeciętnego konsumenta nie cieszą się wysokim zaufaniem, to istnieje pewna społeczna świadomość, że to instytucja państwa sprawuje nadzór nad tak złożonymi podmiotami, jakimi są banki. Stąd wynikać może pewne poczucie zaufania i przekonania, że swoistym gwarantem wypłacalności oraz pewności depozytów złożonych w banku jest właśnie państwo. Stąd uchwalane przez legislatywę przepisy starają się przeciwdziałać wykorzystywaniu „bankowych szyldów" do nielegalnego czerpania korzyści majątkowych. Takiej prewencji służy także wielopłaszczyznowa ingerencja państwa w sektor bankowy oraz przepisy karne zawarte w ustawie Prawo bankowe.

Klienci, którzy pozostawiają część swojego majątku w instytucjach finansowych, jakimi są banki powinni mieć pewność co do tego, że środki te będą bezpieczne. Stąd oczekiwanie od banków zachowania najwyższych standardów i staranności przy wykonywaniu powierzonych im zadań. Chodzi tu zarówno o powierzanie bankom pieniędzy, jak również kompetentną obsługę klienta, jasną i rzetelną informację o produktach bankowych, zachowanie w tajemnicy informacji o stanie rachunków oraz współpracy w razie zaistnienia ewentualnych problemów.[11]

Źródłem zaufania do banków, jako instytucji zaufania publicznego są przede wszystkim szczególne uregulowania prawne, mające z jednej strony zapewnić ostrożne prowadzenie działalności, z drugiej zaś przewidujące surowe zasady odpowiedzialności w razie niespełnienia stawianych przez prawo wymogów. Podstawowe znaczenie ma w tym względzie nadzór nad bankami sprawowany przez

---

[10] M. Dąbrowska, Bank jako..., op. cit., s.7
[11] Bank jako instytucja zaufania publicznego, artykuł za stroną internetową: http://www.domowefinanse.pl.

Komisję Nadzoru Finansowego.[12] Zadaniem KNF jest bowiem zapewnienie stabilności sektora bankowego poprzez licencjonowanie działalności bankowej i stałą analizę kondycji sektora bankowego w Polsce. Publiczne zaufanie do banków opiera się jednak również na innych elementach ich działalności. W szczególności na obowiązku zachowania tajemnicy bankowej, rzetelnego informowania o warunkach umów zawieranych z konsumentami, rygorystycznego przestrzegania przepisów dotyczących rezerw finansowych i innych, wynikających ze szczególnych przepisów prawa.

Prawo bankowe odgrywa istotną rolę w kształtowaniu wizerunku banku jako instytucji zufania poblicznego, ale nie chodzi tutaj o tworzenie tego obrazu, ale raczej o jego podtrzymywanie i ochronę. Co prawda na gruncie przepisów prawa bank nie został nazwany wprost insytucją zaufania publicznego, jednak oprócz powszechnego operowania tym pojęciem przez doktrynę, posłużył się nim również Trybunał Konstytucyjny w uzasadnieniu swego orzeczenia.[13] Przepisy prawa (głównie ustawa Prawo bankowe[14]) tworzą wizrunek banku jako podmiotu o wyjątkowym charakterze. Przejawia się to w prawnym kreowaniu mechanizmów ochronnych, które mają utrudnić wykorzystywanie świadomości społecznej zaufania do banków dla celów sprzecznych nie tylko z prawem, ale i zasadami współżycia społecznego. Chodzi tutaj zarówno o sprzeniewierzenie powierzonych środków, proceder prania pieniędzy, jak i o nadmierne wykorzystywanie pozycji strony silniejszej ekonomicznie w kontaktach z klientami, a zwłaszcza osobami fizycznymi, które nie są podmiotami profesjonalnymi.[15]

---

[12] Komisja Nadzoru Finansowego (KNF) – centralny organ administracji państwowej sprawujący nadzór nad rynkiem finansowym. Powstała 19 września 2006 r. na mocy ustawy o nadzorze nad rynkiem finansowym. Przejęła kompetencje Komisji Papierów Wartościowych i Giełd, Komisji Nadzoru Ubezpieczeń i Funduszy Emerytalnych, a od 1 stycznia 2008 r. przejęła także kompetencje Komisji Nadzoru Bankowego. Nadzór nad działalnością Komisji sprawuje Prezes Rady Ministrów.

[13] Orzeczenie TK z dnia 16 maja 1995 r. (k 12/93), OTK 1995, cz I, poz. 14.

[14] Ustawa z dnia 29 sierpnia 1997 r. Prawo Bankowe (Dz. U. z 1997r, Nr 140, poz. 939, zm.: Dz.98.162.1118, Dz.U.98.160.1063, Dz.U.99.11.95, Dz.U.99.40.399, Dz.U.00.93.1027, Dz.U.00.94.1037, Dz. 00.114.1191, Dz. U.00.116.1216, Dz. U.00.119.1252, Dz. U.00.122.1316, Dz. U. 01.8.64).

[15] M. Dąbrowska, Bank jako instytucja zafiania publicznego, op. cit., s.7

Analizując przepisy Prawa bankowego można wyróżniać dwa rodzaje uregulowań. Pierwsze dotyczące samego prawnego pojęcia "banku", natomiast drugie to grupa przepisów Prawa bankowego regulujące wejście banku na rynek oraz jego funkcjonowanie.

Pojęcie "bank" definiuje art. 2 Prawa bankowego, który stanowi, iż: bank jest osobą prawną utworzoną zgodnie z przepisami ustaw, działającą na podstawie zezwoleń uprawniających do wykonywania czynności bankowych obciążających ryzykiem środki powierzone pod jakimkolwiek tytułem zwrotnym. Z ustawowej definicji można wysnuć, więc wniosek, że dookreślenie pojęcia stanowią czynności bankowe. Powtóre, trzeba podkreślić, że to właśnie czynności bankowe decydują o specyfice banków jako odrębnego typu osób prawnych.[16] Art. 5 ust. 1 Prawa bankowego określa formy aktywności, które ze względu na swoisty charakter mogą być wykonywane wyłącznie przez banki. Są to tzw. czynności bankowe sensu stricto. Wśród nich znajdują się, takie czynności jak: przyjmowanie wkładów pieniężnych płatnych na żądanie lub z nadejściem oznaczonego terminu oraz prowadzenie rachunków tych wkładów, prowadzenie innych rachunków bankowych, udzielanie kredytów, udzielanie i potwierdzanie gwarancji bankowych oraz otwieranie i potwierdzanie akredytyw, emitowanie bankowych papierów wartościowych, przeprowadzanie bankowych rozliczeń pieniężnych, wydawanie instrumentu pieniądza elektronicznego, a także wykonywanie innych czynności przewidzianych wyłącznie dla banku w odrębnych ustawach. W piśmiennictwie słusznie podkreśla się, że powyższy katalog czynności bankowych sensu strictu nie jest całkowicie zamknięty, przepisami prawa bankowego.[17] Ten swoisty monopol banku na wykonywanie tych czynności potwierdzają przepisy art. 171 ust. 1-3 ustawy Prawo bankowe, które sankcjonują odpowiedzialność karną osób prowadzących bez zezwoleń działalność "polegającą na gromadzeniu środków pieniężnych innych osób

[16] Prawo bankowe. Komentarz, E.Fojcik-Mastalska, red. E.Fojcik-Mastalska, s. 15.
[17] M. Dąbrowska, Bank jako instytucja zafiania publicznego, op. cit., s. 8

fizycznych, prawnych lub jednostek organizacyjnych niemających osobowości prawnej, w celu udzielania kredytów, pożyczek pieniężnych lub obciążania ryzykiem tych środków w inny sposób, podlega grzywnie do 5.000.000 złotych i karze pozbawienia wolności do lat 3". Powyższy rygor dotyczy również tych osób, które "prowadząc działalność zarobkową wbrew warunkom określonym w ustawie, używa w nazwie jednostki organizacyjnej niebędącej bankiem lub do określenia jej działalności lub reklamy wyrazów >bank< lub >kasa<". W art. 5 ust. 2 ustawy Prawo bankowe wyróżniono enumeratywnie, na podstawie kreyterium przedmiotowego, czynności typowe dla działalności banków, które jednak mogą być wykonywane zgodnie z prawem również przez podmioty nie posiadajace statusu banku. Są to następujące czynności: udzielanie pożyczek pieniężnych, operacje czekowe i wekslowe oraz operacje, których przedmiotem są warranty, wydawanie kart płatniczych, wykonywanie operacji przy ich użyciu, terminowe operacje finansowe, nabywanie i zbywanie wierzytelności pieniężnych, przechowywanie przedmiotów i papierów wartościowych oraz udostępnianie skrytek sejfowych, prowadzenie skupu i sprzedaży wartości dewizowych, udzielanie i potwierdzanie poręczeń, wykonywanie czynności zleconych, związanych z emisją papierów wartościowych, a także pośrednictwo w dokonywaniu przekazów pieniężnych oraz rozliczeń w obrocie dewizowym. Powyższe czynności są uznawane za bankowe, jeśli są wykonwane przez banki (czynności bankowe sensu largo), np. udzielanie pożyczek pieniężnych.

Istotną kwestią dotyczącą banku jako instytucji zaufania publicznego jest prawna ochrona zapewniona takim słowom jak "bank" oraz "kasa" w nazwie instytucji. Ochronę tę tworzą przepisy ustawy. Art. 31 ust. 1 i 3 Prawa bankowego stanowi, że wniosek do Komisji Nadzoru Finansowego o wydanie zezwolenia na utworzenie banku powinien określać jego nazwę, która musi zawierać w sobie wyraz „bank". Przepis ten jest wyrazem ogólnej zasady zgodnie z którą pojęcie to powinno służyć powszechnej i jednoznaczej identyfikacji rodzaju działalności gospodarczej i jej prowadzenia.[18] Art. 3 Prawa bankowego stanowi, iż wyrazy "bank" lub "kasa" mogą być używane w nazwie oraz dla określenia działalności lub reklamy wyłącznie banku w rozumieniu art. 2 tej ustawy. Ustawodawca czyni tu jednak dwa wyjątki. Po pierwsze, powyższa ochrona nie dotyczy jednostek organizacyjnych używających wyrazów "bank" lub "kasa", z których działalności jednoznacznie wynika, że jednostki te nie wykonują czynności bankowych. Po drugie, wyraz "kasa" może być także używany w nazwie oraz do określenia działalności lub reklamy jednostki organizacyjnej, która na podstawie odrębnej ustawy gromadzi oszczędności oraz udziela pożyczek pieniężnych osobom fizycznym zrzeszonym w tej jednostce. Ochrona używania dwóch powyżej wymienionych słów jest sankcjonowana również w przepisach karnych ustawy Prawo bankowe, a dokładnie w art. 171 ust. 2. Opisane uregulowania zabezpieczają zarówno indywidualne, jak i zbiorowe interesy potencjalnych klientów.[19] Mają one przeciwdziałać wprowadzaniu w błąd, czy wręcz oszukańczym działaniom przedsiębiorców, którzy chcieliby przyciągnąć potencjalnych kontrahentów, wykorzystując zaufanie, jakim społeczeństwo darzy instytucje bankowe, natomiast działalność takich przedsiębiorców na ogół bardzo daleko odbiega od wymaganego przez prawo poziomu bezpieczeństwa działalności banków. Chronione są więc również interesy samych banków, ponieważ negatywnie oceniana działalność podmiotów wykorzystujących określenia „bank" lub „kasa" wyrządziłaby szkodę wizreunkowi banku oraz całego systemu bankowego.[20]

Druga grupa przepisów Prawa bankowego reguluje wejście banku na rynek i jego funkcjonowanie. Wprowadzono powszechnie obowiązujące wymogi, których spełnienie warunkuje możliwość legalnego uzyskania statusu banku. W dniu 20 marca 2000 roku Rada oraz Parlament Europejski wydały dyrektywę dotyczącą podejmowania oraz prowadzenia przez instytucje kredytowe działalności.[21] Określa

[18] Bank – pojęcie ekonomiczne, w Encyklopedii Prawa Bankowego, red. W. Pyzioł, Warszawa 2000, s. 23
[19] M. Dąbrowska, Bank jako instytucja zafiania publicznego, op. cit., s.9
[20] J.Majewski, Przestępne użycie określeń „bank" lub „kasa", „Prawo bankowe" 2000, nr 5, s.61.
[21] Dyrektywa 2000/12/EC z dnia 20 marca 2000 r.

ona wymagania, które warunkują podejmowanie i prowadzenie działalności kredytowych instytucji bankowych.

W związku z wejściem Polski z dniem 1 maja 2004 roku do Unii Europejskiej ustawodawstwo krajowe zostało dostosowane do powyższej dyrektywy. Licencja, zwana inaczej autoryzacją, oznacza instrument, który został wydany w jakiejkolwiek formie przez odpowiednie władze. Na jego mocy zezwala się prowadzić działalność przez instytucję kredytową.[22] Instytucja kredytowa, która jest osobą prawną zmuszona jest uzyskać licencję na terenie państwa członkowskiego, w którym ma siedzibę.

Jak zauważa Z. Ofiarski w opracowaniu „Prawo bankowe"[23] już z ustawowej definicji banku wynika – w sposób, który nie budzi wątpliwości – że prowadzenie działalności bankowej wymaga zezwolenia. Zgodnie z art. 75 ustawy o swobodzie działalności gospodarczej[24], uzyskania zezwolenia wymaga między innymi wykonywanie działalności gospodarczej w zakresie określonym w przepisach ustawy – Prawo bankowe.

Z. Ofiarski odróżnia dwie podstawowe kategorie zezwoleń, o których mowa w ustawodawstwie bankowym. Pierwsza kategoria dotyczy tych zezwalających na utworzenie banku, natomiast druga rozpoczęcia działalności przez bank. Organem właściwym do wydania zezwolenia na utworzenie banku jest Komisja Nadzoru Finansowego (KNF).[25]

---

[22] Dyrektowa..., op. cit., art. 1 punkt 2

[23] Z. Ofiarski, Prawo..., s. 50

[24] Ustawa z dnia 2 lipca 2004 r. o swobodzie działalności gospodarczej (Dz. U. Nr 173, poz. 1807 z późn. Zm.)

[25] Nadzór bankowy w Polsce wykonywany był do 2008 roku przez specjalnie stworzony do tego organ, tj. Komisję Nadzoru Bankowego. W wyniku zmian systemowych i strukturalnych od 1 stycznia 2008 r. dotychczasowe kompetencje KNB zostały przejęte przez Komisję Nadzoru Finansowego (był to kolejny element integrowania nadzoru nad całym rynkiem finansowym). Nadzór nad działalnością KNF sprawuje Prezes Rady Ministrów, któremu przedstawiany jest coroczne sprawozdanie z jego działalności. W skład KNF wchodzą: przewodniczący, dwóch zastępców przewodniczącego, i czterech członków. Członkami są: minister właściwy do spraw instytucji finansowych albo jego przedstawiciel, minister właściwy do spraw zabezpiueczenia społecznego albo jego przedstawiciel, Prezes Narodowego Banku Polskiego albo delegowany przez niego Wiceprezes NBP, a także przedstawiciel Prezydenta Rzeczypospolitej Polskiej. Zadania KNF i jej przewodniczącego są wykonywane przy pomocy Urzędu KNF. Do zadań

Wniosek o wydanie zezwolenia na utworzenie banku powinien zawierać takie elementy, jak: określenie nazwy i siedziby banku, a także czynności bankowych, do których wykonywania bank ma być upoważniony, oraz dane o przedmiocie i zakresie zamierzonej działalności, dane o założycielach oraz o kapitale założycielskim. Do wniosku dołącza się także m.in. projekt statutu banku, program działalności plan finansowy banku na okres co najmniej trzech lat, a także opinię właściwych władz nadzorczych kraju siedziby wnioskodawcy, jeżeli założycielem jest bank zagraniczny.

Jeżeli wniosek jest kompletny, to KNF w terminie nieprzekraczającym trzy miesiące od daty otrzymania wniosku wydaje decyzję w przedmiocie zezwolenia na utworzenie banku. Może ten okres w uzasadnionych przypadkach przedłużyć do sześciu miesięcy. W treści takiego zezwolenia poza określeniem firmy banku, jego siedziby, nazwy najistotniejszą rolę odgrywa – zdaniem profesora Ofiarskiego – określenie przedmiotu jego działalności. Następuje to poprzez określenie działalności, do wykonywania której bank jest upoważniony.[26]

Po wydaniu zezwolenia przedstawiciele banku muszą wystąpić do KNF o zwolenie na rozpoczęcie działalności przez bank. Takie zezwolenie KNF wydaje po stwierdzeniu, że bank: jest należycie przygotowany organizacyjnie do rozpoczęcia działalności; zgromadził w całości kapitał założycielski, dysponuje odpowiednimi warunkami do przechowywania środków pieniężnych i innych wartości, a także spełnia inne warunki określone w decyzji o wydaniu zezwolenia na utworzenie banku.

KNF – zapisanych w art. 4 ustawy o nadzorze nad rynkiem finansowym - należy m.in. sprawowanie nadzoru nad rynkiem finansowym, podejmowanie działań służących prawidłowemu funkcjonowanuu rynku finansowego, podejmowanie działań mających na celu rozwój rynku finansowego i jego konkurencyjności, udział w przygotowywaniu projektów aktów prawnych w zakresie nadzoru nad rynkiem finansowym.

[26] Z. Ofiarski, Prawo..., op. cit., s. 52

2. Tajemnica Bankowa w Ustawodawstwie Polskim

2.1. Ustawowa Regulacja Tajemnicy Bankowej

Podstawowym aktem prawnym regulującym tajemnicę bankowym w prawie polskim jest ustawa z 27 sierpnia 1997 r. Prawo bankowe.[27] Przepisy odnośnie tajemnicy bankowej zostały zawarte w rozdziale 8 ustawy, zatytułowanym „Szczególne obowiązki i uprawnienia banków", a dokładnie zostały umiejscowione w art. 104-108. Trzon regulacji stanowią artykuły 104 i 105 Prawa Bankowego. Zdaniem Z. Ofiarskiego „jednym z najważniejszych szczególnych obowiązków banków określonym w ustawie – Prawo bankowe, jest przestrzeganie tajemnicy bankowej".[28]

Jak tłumaczy w swoim komentarzu L. Mazur[29], obowiązek zachowania tajemnicy bankowej „wynika z samej istoty stosunków na linii bank – klient, które wymagają lojalności oraz poufności". W zakresie swojej działalności bank uzyskuje od klientów wiele informacji. Dotyczą one często nie tyle samego klienta, ile również w jakiś sposób związanych z nim osób. Chodzi tu o więzi rodzinne, gospodarcze itp. To właśnie z tego względu dyskrecja banku ma kolosalne znaczenie dla wielu podmiotów, w tym również tych, których nic z danym bankiem nie łączy.

W ustawie Prawo bankowo określono zarówno podmiotowe, jak i przedmiotowe granice obowiązku przestrzegania tajemnicy bankowej. L. Mazur wskazuje, iż opisywany obowiązek ma charakter mieszany, natomiast „jego istota wyraża się niewątpliwie w prywatnoprawnym obowiązku banku wobec klienta, iż nie dopuści on do ujawnienia informacji, które klient powierzył z konieczności, dla dokonania określonej czynności bankowej"[30]. Nauka prawa często zaczyna rozumieć, jednak ten obowiązek nie tylko w sferze prywatnoprawnej, ale również w sferze

[27] Ustawa z dnia 29 sierpnia 1997 r. Prawo Bankowe (Dz. U. z 1997r, Nr 140, poz. 939, zm.: Dz.98.162.1118, Dz.U.98.160.1063, Dz.U.99.11.95, Dz.U.99.40.399, Dz.U.00.93.1027, Dz.U.00.94.1037, Dz. 00.114.1191, Dz. U.00.116.1216, Dz. U.00.119.1252, Dz. U.00.122.1316, Dz. U. 01.8.64).
[28] Z. Ofiarski, Prawo..., op. cit., s.273
[29] L. Mazur, Prawo bankowe. Komentarz, wyd. 2, Warszawa 2008
[30] L. Mazur, Prawo..., op.cit. s. 596

publicznoprawnej. Uzasadnienie takiego twierdzenia ma stanowić drobiazgowe, jak na polskie prawo, uregulowanie tego obowiązku przez akty prawne najwyższej rangi, czyli Konstytucję RP oraz ustawy.

Analizując doktrynę można znaleźć jeszcze inne ujęcia prawne tajemnicy bankowej. Często jest ona postrzegana w kategoriach szeroko pojętej ochrony praw osobistystych obywateli, a właszcza prawa do prywatności (tajemnicy) oraz ochrony danych osobowych.[31] Czasami tajemnica bankowa jest kojarzona z tajemnicą handlową oraz traktowana jako element szeroko pojmowanej staranności „sumiennego kupca".[32] Takie rozumienie tajemnicy bankowej jest jednak poddawane krytyce, gdyż w tym przypadku nie chodzi o ochronę własnych tajemnic kupieckich, co o utrzymanie w poufności informacji obcych, bezpośrednio dotyczących klientów. Ponadto są autorzy, którzy utażsamiają tajemnicę bankową z typową tajemnicą zawodową.

Ostatnie z wymienionych ujęć wymaga szerszego rozwinięcia. Po pierwsze, przyjęcie koncepcji uznającej tajemnicę bankową, jako tajemnicę stricte zawodową powoduje, iż jest ona porównywana z tajemnicą maklerską, adwokacką, notarialną, radcowską, lekarską, a w skrajnych przypadkach nawet z... tajemnicą spowiedzi. Takie określenie mogłoby prowadzić do wniosku, że zawód bankierski zaliczany jest do tzw. wolnych zawodów, a tak przecież nie jest. Owszem, zawód bankierski jest zaliczany do zawodów zaufania publicznego, ale wynika to przede wszystkim z roli, w jakiej postrzegane są społeczne same instytucje banków (patrz rozdział 1). Niewątpliwie ważną rolę odgrywa tutaj powszechna praktyka umieszczania obowiązku przestrzegania zasady poufności, dyskrecji, a także tajemnicy bankowej w różnego rodzaju kodeksach deontologicznych[33] ustalanych w środowiskach bankierskich. Od innych tajemnic zawodowych (np. adwokackiej) odróżnia tajemnicę

[31] L. Mazur, Prawo..., op.cit. s. 596
[32] A. Janiak, Przywieleje bankowe w prawie polskim, wyd. 1, Zakamycze Kraków 2003
[33] Termin ten stosuje się do określenia nauki o powinnościach i obowiązkach wynikających ze statutów i przyjętych zwyczajów w różnych zawodach (kodeksy lekarskie, prawnicze). W tym przypadku kodeks deontologiczny ma na celu kształtowanie dobrej praktyki bankowej

bankową przede wszystkim jej względność, tzn. że klient ma prawo upoważnić bank do ujawnienia informacji objętych tajemnicą innej osobie lub podania ich do publicznej wiadomości.[34]

Należy wskazać, iż tajemnica bankowa nie jest przedmiotem szczegółowych regulacji dyrektyw Unii Europejskiej. Oznacza to, iż UE nie narzuca krajom członkowskim szczegółowych rozwiązań w tym zakresie. Powoduje to, iż nie ma obecnie w prawie europejskim jednolitego unormowania tajemnicy bankowej. Jedynie art. 30 dyrektywy 2000/12/EC[35] wprowadza pewien ogólny standard ochrony informacji uzyskiwanych przez instytucje kredytowe oraz zasady ich wymiany oraz udostępniania innym podmiotom. Przepis ten traktuje tajemnicę bankową jako tajemnicę zawodową (professional secrecy), którą są związane wszystkie osoby pracujące w instytucjach kredytowych, a także audytorzy i eksperci wykonujący określone czynności w imieniu tych instytucji.[36]

[34] A. Janiak, Przywileje..., op. cit., s. 100
[35] Jest to tzw. dyrektywa konsolidacyjna lub kodyfikująca. Nowe ujęcie problematyki podejmowania i prowadzenia działalności przez instytucje kredytowe zostało w niej poszerzone o niektóre treści będące poprzednio przedmiotem odrębnych dyrektyw; w rezultacie dyrektywa ta zastąpiła aż siedem dyrektyw wcześniejszych. Poza jej zakresem pozostaje jeszcze jednak osiem odrębnych dyrektyw poświęconych pozostałym problemom publicznego prawa bankowego Unii, wchodzącym w skład minimalnych wspólnych standardów wspólnotowych w tej dziedzinie.
[36] A. Janiak, Przywileje..., op. cit., s. 102

2.1.1. CHARAKTER PRAWNY TAJEMNICY BANKOWEJ

Jeśli chodzi o charakter prawny tajemnicy bankowej, to „Prawo bankowe. Komentarz" pod redakcją F. Zolla stwierdza, iż wynika on w sposób bezpośredni z przepisu ustawy, a dokładniej z art. 104 ust. 1 PrBank. Wskazany przepis jest przepisem dyspozytywnym (wolą beneficjenta tajemnicy zakres jego obowiązywania może być zmieniony zarówno w aspektach przedmiotowych, jak i podmiotowych), co potwierdza i reguluje art. 104 ust. 3 zd. drugie PrBank.[37]

W stosunkach prawnych, których dotyczy tajemnica, obowiązek dyskrecji należy do ich naturalia negotii. Innego zdania jest M. Bączyk, który uważa, że w niektórych przypadkach, np. gdy zawierana jest umowa rachunku bankowego, obowiązek zachowania tajemnicy bankowej można kwalifikować nawet, jako essentialia negotii powstałych stosunków zobowiązaniowych.

Zdaniem autorów powyższego komentarza, sama instytucja tajemnicy bankowej może być kwalifikowana, jako jeden z niewyszczególnionych w art. 23 k.c. dóbr osobistych. Dodajmy, iż wśród zwolenników koncepcji osobistych praw podmiotowych istnieje nawet pogląd o bezwzględnym prawie podmiotowym do tajemnicy bankowej.

---

[37] J. Molis [w:] Prawo Bankowe. Komentarz, pod red. F. Zoll Tom II, Zakamycze 2005, s. 222

2.1.2. *BENEFICJENT TAJEMNICY BANKOWEJ*

W art. 104 ust. 3 in fine PrBank ustawodawca pośrednio wskazuje beneficjenta tajemnicy bankowej – jest to osoba, której dotyczą informacje objęte tajemnicą.[38]

Za beneficjenta obowiązku zachowania tajemnicy bankowej uznaje się, więc nie tylko kontrahentów banku. Mogą to być także inne podmioty, np. takie które nie zawarły jeszcze umowy bankowej albo osoba trzecia. W tej kategorii nie mieszczą się już jednak podmioty działające w interesie tych osób. Wynika to z tego, że w art. 104 wspomina się o obowiązku zachowania tajemnicy wobec strony umowy, jak i osób niebędących stronami umowy.

Warto dodać za M. Bączykiem, że beneficjantem tajemnicy bankowej mogłaby być także osoba małoletnia w zakresie umów rachunku oszczędnościowego (art. 58 PrBank), a także powiernik w umowie rachunku powierniczego (art. 59 ust. 2 PrBank). Natomiast nie jest beneficjentem małżonek posiada rachunku bankowego, i to niezależnie od ustroju majątkowego małżonków.[39]

[38] J. Molis, Prawo…, s. 226

[39] M.Bączyk [w:] E.Fojcik-Mastalska (red.), Prawo bankowe, s. 535

2.1.3. Podmiotowy zakres obowiązywania

Art. 104 ust. 1 ustawy Prawo Bankowe stanowi, iż bank, osoby w nim zatrudnione oraz osoby, za których pośrednictwem bank wykonuje czynności bankowe, są obowiązane zachować tajemnicę bankową, która obejmuje wszystkie informacje dotyczące czynności bankowej, uzyskane w czasie negocjacji, w trakcie zawierania i realizacji umowy, na podstawie której bank tę czynność wykonuje.[40]

Powyższy przepis jednoznacznie określa podmiotowy zakres tajemnicy bankowej. Obowiązek ten spoczywa na:

a) banku

b) osobach zatrudnionych w banku oraz

c) osobach za pośrednictwem których bank wykonuje czynności bankowe.

W doktrynie przyjmuje się, iż pod pojęciem osób zatrudnionych, należy rozumieć również osoby świadczące dla banku usługi na podstawie umów cywilnoprawnych.[41]

Odnosząc się do pierwszego podmiotu zobowiązanego do zachowania dyskrecji, czyli do banku, to za art. 2 PrBank należy stwierdzić, że jest to osoba prawna. Powinność zachowania tajemnicy, nie może oczywiście dotyczyć osoby prawnej jako takiej, ale organów działających w obrocie za bank. Ściśle chodzi tutaj o członków tych organów będących osobami fizycznymi. Wskazane osoby są w większości przypadków osobami zatrudnionymi w banku, a zatem podmiotami należącymi do drugiej wymienionej kategorii.[42] Aby jednak dostatecznie rozróżnić te dwie kategorie należy wziąć pod uwagę fakt, że przez członków organów banku

[40] Ustawa z dnia 29 sierpnia 1997 r. Prawo Bankowe (Dz. U. z 1997r, Nr 140, poz. 939, zm.: Dz.98.162.1118, Dz.U.98.160.1063, Dz.U.99.11.95, Dz.U.99.40.399, Dz.U.00.93.1027, Dz.U.00.94.1037, Dz. 00.114.1191, Dz. U.00.116.1216, Dz. U.00.119.1252, Dz. U.00.122.1316, Dz. U. 01.8.64).
[41] L. Mazur, Prawo..., op.cit. s. 597
[42] J. Molis, Prawo..., op.cit., s. 224

identyfikowanych w kategorii „bank" należy rozumieć również tych, którzy nie są jego pracownikami (np. „bankiem" będzie członek zarządu banku, który nie jest pracownikiem banku).

Drugi wskazany w art. 104 ust. 1 PrBank podmiot, czyli „osoba zatrudniona w banku" to niewątpliwie, każdy pracownik banku, czyli osoba związana z bankiem stosunkiem pracy bez względu na to, na jakiej podstawie ten stosunek został nawiązany. Może być to umowa o pracę, powołanie, mianowanie czy też wybór. Nie kwalifikuje się natomiast do tej kategorii osób związanych z bankiem umowy zlecenia (art. 734 k.c). Tajemnicę bankową zobowiązane są zachować nie tylko osoby obsługujące klientów, ale wszystkie osoby zatrudnione w banku, tj. biorące udział w wykonywaniu czynności bankowych.

Jeśli chodzi natomiast o pojęcie osób „za pośrednictwem których bank wykonuje czynności bankowe" to do tej grupy należałoby zaliczyć m.in.: samodzielnych przedsiębiorców, pośredników kredytowych, firmy windykacyjne itp. L. Mazur pojęcie to interpretuje, jako „osoby pośredniczące w wykonywanych przez bank czynnościach bankowych, jednakże niewykonujące zamiast banku tych czynności".[43]

Jak podaje J. Molis w Komentarzu pod redakcją F. Zolla, pośrednik może być zastępcą bezpośrednim – wykonującym czynność bankową w imieniu i na rzecz banku (pełnomocnikiem) lub pośrednim – wykonującym czynność bankową w imieniu własnym, lecz na rachunek banku (np. zleceniobiorca bez pełnomocnictwa, partner outsourcingowy).[44]

Zdaniem J. Molisa nic nie stoi na przeszkodzie, aby za pośrednika „uznać osobę będącą posłańcem", gdyż jako osobę, za której pośrednictwem bank wykonuje czynności bankowe powinno się uznawać nie tylko tego, kto jako „pośrednik" składa

[43] L. Mazur twierdzi tak za P. Babiarz, Dopuszczalność zlecania, MoP 2000, Nr 10, s. 634
[44] J. Molis, Prawo..., op.cit., s. 225

oświadczenia woli, ale i tego kto dokonuje w tej roli jakichkolwiek czynności faktycznych. Autor ma tutaj na myśli również np. rzeczoznawcę majątkowego.

Jak podaje Z. Ofiarski w książce „Prawo bankowe" podmioty oraz osoby zatrudnione w bankach, a także adwokaci i radcy prawni, którym udzielono lub ujawniono informacje objęte tajemnicą bankową, mogą je wykorzystać wyłącznie w celu zawarcia i wykonywania umów będących podstawą wykonywania przez bank czynności bankowych, outsourcingu[45], sekurytyzacji[46], a także sprzedaży wierzytelności kwalifikowanych jako utracone.

Zdaniem J. Molisa obowiązek poufności określony w art. 104 PrBank, nie ma charakteru wzajemnego. Oznacza to, że partner negocjacji z bankiem, druga strona zawieranej czynności bankowej oraz wierzyciel banku z tytułu realizacji tej czynności nie są zobligowani do zachowania dyskrecji.[47] Jak zaznacza jednak autor, gdyby jedna z osób znalazła się w posiadaniu informacji, których rozpowszechnianie doprowadziłoby do wyrządzenia bankowi szkody, osoba taka byłaby zobowiązana do naprawienia szkody na zasadach ogólnych (art. 415 k.c.).

---

[45] Definicja outsourcingu koresponduje z nazwą tego procesu zarządzania. Pochodzi ona od skrótu wyrazów outside resource using, odpowiadających polskiemu sformułowaniu „wykorzystywanie zasobów zewnętrznych". Istotą tego procesu w praktyce bankowej jest wyodrębnienie wybranych czynności, którą są lub mogą być wykonywane przez bank , i powierzenie ich wykonania lub wykonywania osobom trzecim. Zgodnie z przepisami prawa bankowego bank może, w drodze umowy zawartej na piśmie, powierzyć przedsiębiorcy lub przedsiębiorcy zagranicznemu, wykonywanie wyłącznie: 1) w imieniu i na rzecz banku pośrednictwa w zakresie czynności bankowych na podstawie umowy agencyjnej, polegającego na: zawieraniu i zmianie umów rachunków bankowych, o których mowa w art. 49 ust. 1 pkt 3, według wzoru zatwierdzonego przez bank; zawieraniu i zmianie umów kredytu na sfinansowanie inwestycji mającej na celu zaspokojenie własnych potrzeb mieszkaniowych kredytobiorcy w rozumieniu przepisów o podatku dochodowym od osób fizycznych; zawieraniu i zmianie umów kredytu konsumenckiego w rozumieniu ustawy z dnia 20 lipca 2001 r. o kredycie konsumenckim (Dz. U. Nr 100, poz. 1081 oraz z 2003 r. Nr 109, poz. 1030); zawieraniu i zmianie umów ugody w sprawie spłaty kredytów; zawieraniu i zmianie umów dotyczących ustanowienia prawnego zabezpieczenia kredytów; zawieraniu i zmianie umów o kartę płatniczą, których stroną jest konsument w rozumieniu ustawy; przyjmowaniu wpłat, dokonywaniu wypłat oraz obsłudze czeków związanych z prowadzeniem rachunków bankowych przez ten bank; dokonywaniu wypłat i przyjmowaniu spłat udzielonych przez ten bank kredytów i pożyczek pieniężnych; przyjmowaniu wpłat na rachunki bankowe prowadzone przez inne banki; przyjmowaniu dyspozycji przeprowadzania bankowych rozliczeń pieniężnych związanych z prowadzeniem rachunków bankowych przez ten bank; wykonywaniu innych czynności, po uzyskaniu zezwolenia Komisji Nadzoru Bankowego; 2) czynności faktycznych związanych z działalnością bankową.

[46] W prawie bankowym nie ma jednolitej definicji sekurytyzacji. Uchwała KNB nr 1/2007 w par. 1 Załącznika nr 18 do Uchwały stanowi że: sekurytyzacja oznacza transakcję, program lub strukturę prawno-organizacyjną, w wyniku której ryzyko kredytowe związane z ekspozycją bazową lub pulą ekspozycji bazowych ulega podziałowi na transze o następujących cechach: 1) płatności w ramach transakcji, programu lub struktury zależą od dochodów z tytułu ekspozycji lub puli ekspozycji; 2) hierarchia transz określa rozkład strat w ciągu okresu trwania transakcji lub struktury.

[47] J. Molis, Prawo…, op.cit., s. 226

2.1.4. Przedmiotowy zakres obowiązywania

Zdaniem L. Mazura przedmiotowy zakres tajemnicy bankowej ma nieco bardziej skomplikowany charakter, niż zakres podmiotowy, ponieważ zwrot, którym posłużył się ustawodawca w ust. 1 art. 104 PrBank, nie jest do końca jasny. Może on budzić duże kontrowersje.

Autor proponuje, aby w przypadku omawianej regulacji wziąć za podstawowe kryterium zasadę maksymalizmu, tj. w tajemnicy mają zostać zachowane „wszystkie informacje dotyczące czynności bankowej uzyskane w czasie negocjacji, w trakcie zawierania i realizacji umowy, na podstawie której bank tę czynność wykonuje". Oznacza to, że bank jest zobowiązany zachować w tajemnicy nie tylko informacje na temat treści konktretnych umów z klientami, ale również informacji odnośnie innych czynności bankowych, jak również informacji związanych z osobami dokonującymi czynności, a nawet tylko powiązanymi z osobą które taką czynność wykonują. L. Mazur w swoim komentarzu podkreśla jednak, iż tajemnicą bankową objęta jest informacja, składająca się z wiadomości dotyczących czynności bankowych i wiadomości dotyczących osoby będącej stronom umowy z bankiem, natomiast sama informacja o czynności bankowej, bez przypisania jej konkretnej osobie (klientowi), nie jest informacją objętą tajemnicą bankową. Autor dodaje, że już sam fakt dokonania danej czynności bankowej jest objęty tajemnicą, a zatem już np. ujawnienie informacji, iż dana osoba posiada w banku rachunek oszczędnościowy, stanowi naruszenie tajemnicy bankowej. Z powyższego przykładu można, więc wyciągnąć wniosek, że krąg informacji objętych poufnością jest niezwykle szeroki. Dotyczyć to może m.in. informacji o wysokości środków pieniężnych na rachunku klienta, na rachunku w innym banku czy też podanego w wniosku kredytowym wykształcenia. L. Mazur odrzuca węższe pojmowanie tajemnicy bankowej, które obejmowałoby wyłącznie niektóre informacje o rachunkach i transakcjach klientów, jego zdaniem „bank powinien być traktowany w tym wypadku ja swoisty sejf, do którego można włożyć praktycznie wszystko, lecz wydobycie czegokolwiek musi wynikać albo z konieczności prawnej albo nastąpić za zgodą jego właściciela”[48].

M. Bączyk wyprowadza pojęcie informacji (faktów) konfidencjonalnych[49]. W opozycji do nich stawia informacje niekonfidencjonalne. Autor ten dzieli informacje konfidencjonalne na dwie grupy. Pierwszą z nich okresla umownie informacjami operacyjnymi (podstawowymi), uzyskanymi przez bank w związku z ukształtowaniem się określonego stosunku umownego (np. umowy rachunku bankowego, sejfu bankowego, depozytu). Drugą grupę informacji stanowią wiadomości okazjonalne (pozaoperacyjne), uzyskane przez bank w okresie przedkontraktowym (lub nawet później) i dotyczące sytuacji majątkowej lub osobistej beneficjenta tajemnicy.[50]

Koncepcję M. Bączyka nijako rozwija, B. Smykla. W swoim komentarzu wyodrębnia on dwie grupy informacji chronionych. Pierwsza obejmuje te mające charakter przedmiotowy, dotyczące konkretnych czynności bankowych wykonywanych przez bank, czyli realizowanych przez bank operacji, która ustawa Prawo bankowego traktuje jako „czynności bankowe”.[51] W jego rozumieniu tajemnicą bankową objęte są wszelkie informacje mające charakter indywidualny, tzn. dotyczące danej czynności bankowej. Powoduje to, że siłą rzeczy już sam fakt wykonania danej czynności bankowej jest objęty poufnością. Na pierwszy plan spośród wiadomości o charakterze przedmiotowym wysuwają się wiadomości objęte treścią umowy. Drugą grupę według B. Smykli stanowią natomiast informacje o charakterze podmiotowym. Autor stwierdza, że co prawda w obowiązującym stanie pawnym (w ramach formuły „wszystkie wiadomości dotyczące czynności bankowej”) ustawa nie wyodrębnia tych informacji, to jednak są one nadal objęte tajemnicą bankową. Wśród tych wiadomości autor wymienia informacje dotyczące

---

[48] L. Mazur, Prawo…, op.cit. s. 599

[49] Zdaniem M. Bączyka pojęcie informacji (faktów) konfidencjonalnych należy rozumieć bardzo szeroko. Mogą to być znane wyłącznie bankowy poglądy beneficjenta w sferze życia osobistego, społecznego i politycznego

[50] M.Bączyk, Prawo…, op.cit., s. 539

[51] B. Smykla, Prawo bankowe. Komentarz,Warszawa 2005, s. 333

strony umowy (klienta banku); osoby, której czynności pozostają w związku z zawarciem umowy pomiędzy bankiem, a klientem (kontrahenta banku). Można uogólnić, że są to wiadomości indentyfikujące klienta i kontrahenta, a także inne, dotczyące sytuacji faktycznej i prawnej w jakiej te podmioty się znajdują.[52] Do tej grupy B. Smykla zalicza również informacje o tym czy klient działa osobiście czy przez przedstawiciela. Tym samym, traktując informację o przedstawicielu, jako objętą tajemnicą bankową.

[52] B. Smykla, Prawo..., op.cit., s. 334

2.1.5. *CZASOWY ZAKRES OBOWIĄZYWANIA*

Istotną kwestią jest czasowe obowiązywanie tajemnicy bankowej. Zakres czasowy tajemnicy bankowej to okres obowiązywania zakazu ujawniania informacji objętych obowiązkiem dyskrecji.[53] W tym miejscu nadmienić trzeba, iż ustawodawca nie ogranicza w czasie obowiązków w zakresie dochowania tajemnicy bankowej, a co więcej w Prawie bankowym nie ma przepisu, który wprost rozstrzygałby tę kwestię.

Termin początkowy można, jednak pośrednio wyinterpretować z art. 104 ust.1 PrBank. Przepis ten wyznacza zakres przedmiotowy tajemnicy, przez sformułowanie „(...) wszystkie informacje (...) uzyskane w czasie negocjacji, w trakcie zawierania i realizacji umowy, na podstawie której bank tę czynność wykonuje", i tym samym pozwala określić termin początkowy, od którego tajemnica obowiązuje. Z przywołanego przepisu wynika, że chwilą, od której zakaz ujawniania informacji objętych tajemnicą się aktualizuje jest moment wszczęcia negocjacji lub innej procedury prowadzącej do zawarcia umowy pomiędzy bankiem a podmiotem. Odejście od wykładni językowej może prowadzić do nieco innych wniosków. Należy bowiem zauważyć, że sam fakt podjęcia rozmów intencyjnych nie zawsze przesądza o powstaniu obowiązku dyskrecji, ponieważ w tym momencie żadne informacje mogły nie zostać jeszcze udzielone. Dlatego zdaniem L. Mazura za początek należy uznać moment, w którym bank uzyskuje określoną informację. Nie jest więc on determinowany czasem trwania określonego stosunku prawnego łączącego dany podmiot z bankiem, a nawet od niego nie zależy, ponieważ dla zaistnienia obowiązku dochowania tajemnicy bankowej nie jest konieczne ukonstytuowanie się stosunku prawnego pomiędzy bankiem a podmiotem. Co więcej, nawet niezawarcie umowy z klientem nie zwalnia banku od obowiązku zachowania tajemnicy bankowej. Powstanie obowiązku z art. 104 ustawy Prawo bankowe łączy się ściśle z faktem

[53] J. Molis, Prawo..., op.cit., s. 230

powierzenia informacji. Zaznaczmy, iż podmiot powierzający, nie musi mieć statusu przyszłego lub obecnego kontrahenta.[54]

Omawiany obowiązek nie stwarza również granicy zachowania tajemnicy w przyszłości, co jest kolejnym argumentem na brak związku między wymaganą od banku poufnością, a stosunkiem prawnym łączącym go z wybranym podmiotem. W doktrynie przyjmuje się, że zakończenie trwania stosunku umownego pomiędzy bankiem a klientem nie ma wpływu na ustanie tajemnicy bankowej. M. Bączyk stwierdza wprost, iż obowiązek zachowania tajemnicy bankowej trwa przez czas nieokreślony (ad infinitum).[55] L. Mazur pisze, iż „uzyskanie określonych informacji zobowiązuje bank do zachowania ich w tajemnicy przez cały czas, w którym je posiada i nimi dysponuje".[56] B. Smykla w swoim Komentarzu zwraca natomiast uwagę na fakt, iż „brak ograniczenia czasowego obowiązywania tajemnicy bankowej po ustaniu stosunku umownego pomiędzy bankiem a klientem nie oznacza, iż bank ma nieograniczony w czasie obowiązek przechowywania wiadomości stanowiących tajemnicę bankową". Obowiązki banku w zakresie przechowowania dokumentacji dotyczącej czynności bankowych nie podlegają bowiem reglamentacji prawnej wynikającej z ustawowej regulacji tajemnicy bankowej. Regulacja ta przesądza jedynie o tym, że tajemnica bankowa „nie wygasa" po ustaniu stosunku umownego na linii klient – bank. Tajemnica bankowa obowiązuje, o ile wiadomości dotyczące wykonanej już czynności bankowej są w posiadaniu banku, osób w nim zatrudnionych oraz osób, za których pośrednictwem bank wykonuje czynności bankowe.[57]

---

[54] E. Snakowska, M. Rusek, Przeciwdziałanie praniu pieniędzy w bankach na podstawie ustawy z 16.11.2000 r. a obowiązek zachowania tajemnicy bankowej, Rej. 2003, Nr 2, s.77

[55] M. Bączyk, [w:] Prawo bankowe. Komentarz, E. Fojcik-Mastalska (red.), Warszawa 2007

[56] L. Mazur, Prawo..., op.cit. s. 560

[57] B. Smykla, Prawo..., op.cit., s. 335-336

2.1.6. Wyłączenie obowiązku poufności

Ustęp 2 art. 104 PrBank wprowadza wyjątki od zasady określonej w ustępie 1, tj. formułuje katalog przypadków, których nie dotyczy obowiązek zachowania tajemnicy bankowej. Innymi słowy za B. Smyklą można stwierdzić, iż „w ust. 2 określone zostały przypadki, w których nie ma zastosowania ustalona w ust. 1 generalna zasada nakładająca obowiązek zachowania tajemnicy bankowej przez bank, osoby zatrudnione w banku oraz osoby za pośrednictwem, których bank wykonuje czynności bankowe."[58]

Ustanowione w art. 104 ust. 2 PrBank przesłanki wyłączenia dzielą się na dwie grupy. Pierwsza obejmuje wymienione w pkt. 1-3 przypadki, w których ujawnienie informacji objętych tajemnicą ma niejako naturalny charakter, tzn. jest konieczne dla należytego wykonania czynności bankowej. Grupa druga, czyli przypadki w pkt. 4-6, obejmuje przesłanki, gdy ujawnienie informacji jest konieczne nie dla wykonania czynności bankowej, ale z uwagi na zbycie wierzytelności banku wynikającej z tej czynności.

Wyłączenie obowiązku poufności w oparciu o art. 104 ust. 1 pkt 1 PrBank powoduje, że zakaz ujawniania informacji objętych tajemnicą nie obowiązuje wtedy, gdy bez ich ujawnienia, ze względu na istotę i charakter czynności bankowej nie jest możliwe należyte wykonanie umowy, na podstawie której jest wykonywana ta czynność bankowa, lub bez ich ujawnienia nie jest możliwe wykonanie czynności pozostających w związku z zawarciem i wykonaniem tej umowy. J. Molis podnosi, iż w związku z tym, że działalność bankowa jest działalnością rynkową, to nieistnienie wyjątku uchylającego tajemnicę bankową, co do informacji, bez ujawnienia których należyte wykonanie umowy jest niemożliwe, oznaczałoby zablokowanie możliwości funkcjonowania banku w obrocie.[59] Formuła użyta w omawianym punkcie ma

[58] B. Smykla, Prawo…, op.cit., s. 336
[59] J. Molis, Prawo…, op.cit., s. 234

również zastosowanie, gdy klient banku nie spełnia świadczenia lub czyni to w sposób nienależyty. Wówczas bank, aby wyegzekwować świadczenie musi wystąpić na drogę sądową. W takiej sytuacji obowiązek dyskrecji nie obejmuje danych, których ujawnienie w trakci postępowania sądowego czy też egzekucyjnego jest konieczne dla wymuszenia na dłużniku należytego świadczenia umownego.

Zgodnie z pkt 2 art. 104 ust. 2 PrBank obowiązek zachowania tajemnicy bankowej nie obowiązuje wobec przedsiębiorców, którym bank powierzył wykonywanie czynności związanych z działalnością bankową. Dotyczy to zarówno podmiotów zewnętrznych krajowych, jak i zagranicznych. Powierzone zadania mogą one wykonywać okresowo lub stale w oparciu o art. 6a-6d PrBank. Chodzi tutaj mianowicie o rozmaite czynności o charakterze pomocniczym względem podstawowej działalności banków. Może być to np. administrowanie systemem informatycznym, drukowanie i przesyłanie wyciągów z rachunków bankowych, zapewnienie ochrony itp. Powierzenie przez bank wykonywania tego typu usług określa się mianem outsourcingu. Z omawianego przepisu bezpośrednio wynika, że wobec partnerów outsourcingowych obowiązek zachowania tajemnicy bankowej nie obowiązuje. Oznacza to, że usługodawcy zewnętrzny są z mocy prawa legitymowani do wglądu w informacje chronione, a tym samym, nie potrzebują pisemnego upoważnienia.[60] Trzeba jednak wyraźnie zaznaczyć, że zasada poufności jest w tym przypadku uchylana wobec partnerów outsourcingowych o tyle, o ile wykonywana przez nich usługa należy do zbioru czynności związanych z działalnością bankową i nie przekracza zakresu niezbędnego do należytego wykonywania tych czynności. Podmioty zewnętrzne i osoby w nich zatrudnione mogą wykorzystywać uzyskane informacje wyłącznie w celu zawarcia i wykonywania umów, na podstawie których jest realizowana działalność outsourcingowa. Mówi o tym art. 104 ust. 5 PrBank.

Punkt 3 art. 104 ust. 2 uchyla obowiązek poufności wobec informacji udzielanych adwokatom i radcom prawnym. Wyjątek ten dotyczy tylko świadczonej

[60] J. Molis, Prawo..., op.cit., s. 236

na rzecz banku pomocy prawnej. Opisywana regulacja umożliwia udzielenia wskazanym osobom nie tylko tych informacji, które sa im niezbędne, ale także tych, które są potrzebne do wykonania czynności pomocy prawnej. Wtajemnicznie adwokata czy radcy musi być zawsze „w związku" ze świadczeniem pomocy na rzecz banku, tj. nie powinni mieć oni dostępu do danych, które nie są związane z wykonywanymi przez nich usługami. Warto dodać za B. Smyklą, iż omawiany przepis dotyczy tylko radców prawnych, którzy nie sa pracownikami banku.[61] Ponadto B. Smykla stwierdza, że odrębne wymienienie przypadków dotyczących udzielania informacji objętych poufnością adwokatom i radcom prawnym, potwierdza argument, iż świadczenie pomocy prawnej przez przedstawicieli tych zawodów nie jest objęte regulacją outsourcingu. Autor wskazuje również, że informacje ujawnione przez bank z punktu widzenia Prawa o adwokaturze oraz ustawa o radcach prawnych są chronione tajemnicą zawodową.

Drugą grupę przypadków, które stanowią wyjątek od zachownia tajemnicy bankowej otwiera udzielenie informacji objętych poufnością niezbędnych do zawarcia i wykonywania umów sprzedaży wierzytelności. Zastosowanie wyłączenia z art. 104 ust. 2 pkt 4 jest ograniczone do umów zaklasyfikowanych zgodnie z odrębnymi przepisami do kategorii straconych. Podstawą prawną tej klasyfikacji jest rozporządzenie Ministra Finansów z 16 grudnia 2008 r. w sprawie zasad tworzenia rezerw na ryzyko związane z działalnością banków.[62] Załącznik nr 1 do tego rozporządzenia, zatytułowany „Zasady klasyfikacji ekspozycji kredytowych" określa m.in. zasady klasyfikacji eksopozycji kredytowych „straconych".[63] Trzeba zaznaczyć, iż wprowadzenie omawianego artykułu jako podstawy udzielania informacji objętych tajemnicą bankową w przypadku zawierania i wykonywania

[61] B. Smykla, Prawo..., op.cit., s. 337
[62] Rozporządzenie Ministra Finansów z 16 grudnia 2008 r. w sprawie zasad tworzenia rezerw na ryzyko związane z działalnością banków (Dz.U. Nr 235, poz 1589 ze zm.) wydane na podstawie art. 81 ust. 2 pkt 8 lt. C ustawy z dania 29 września 1994 r. o rachunkowości
[63] M. Krzysztofek, Tajemnica bankowa i ochrona danych osobowych w praktyce bankowej, Wyd. 1, Warszawa 2010, s. 44

umów sprzedaży wierzytelności wyklucza alternatywne stosowanie w tym celu art. 104 ust. 2 pkt 1 PrBank.

Dwie ostatnie przesłanki, opisane w pkt. 5 i 6 art. 104 ust. 2 PrBank odnoszą się do zawierania i wykonywania umów o których mowa w art. 92a PrBank, a także związanych z nimi umów o nadanie oceny inwestycyjnej sekurytyzowanym wierzytelnościom (więcej na stronie 20) oraz umów ubezpieczenia od ryzyka niewypłacalności dłużników sekurytyzowanych wierzytelności. Dodatkowo tajemnica bankowa jest wyłączona przy udzielaniu informacji niezbędnych do zawarcia i wykonywania umów, których celem jest emisja papierów wartościowych wskazanych w art. 92a ust. 3 PrBank. Powyższe wyłączenie dotyczy również osób zatrudnionych w podmiotach, które są stroną stosunków wymienionych powyżej.

Na koniec trzeba poczynić jeszcze wzmiankę, że ujawnienie informacji stanowiących tajemnicę bankową dotyczących wierzytelności jest w przypadkach nienależących do zakresu wyznaczonego przez trzy opisane powyżej przepisy oraz przez przepisy o publicznej sprzedaży wierzytelności bankowych[64], uzależnione od upoważnienia udzielonego bankowi przez osobę, której dane te dotyczą.

Przepis art. 104 ust. 2 pkt 7 PrBank wyłącza obowiązek dochowania poufności przez banki, gdy „udzielenie informacji innym bankom, instytucjom kredytowym lub instytucjom finansowym należącym do tego samego holdingu finansowego jest niezbędne do należytego wykonywania, określonych w przepisach prawa, obowiązków w zakresie przeciwdziałania praniu pieniędzy oraz finansowaniu terroryzmu." Obowiązki te zostaną dokładniej opisane w rozdziale poświęconym udzielaniu przez bank informacji stanowiących tajemnicę bankową Generalnemu Inspektorowi Informacji Finansowej.

W art. 104 ust. 3 PrBank określone zostały zasady dostępu do informacji objętych tajemnicą bankową. Ich dysponentem jest przede wszystkim osoba, której

---

[64] Ustawa z 3 lutego 1993 r. o restrukturyzacji finansowej przedsiębiorstw i banków oraz zmianie niektórych ustaw (Dz.U. nr 18, poz. 82 ze zm.)

wiadomości dotyczą. Taka osoba może upoważnić bank do ujawnienia informacji wskazanej przez siebie osobie lub jednostce organizacyjnej.[65] Poza tą sytuacją, do ujawnienia danych objętych tajemnicą bankową może dojść tylko w przypadkach wskazanych w ustawie, a mianowicie w art. 105, 106a i 106b PrBank. Wprowadzenie do ustawy takiego zapisu, który wydaje się oczywistością, ma za zadanie zapewnienie pewnego ciągu logicznego w ustawie, a ponadto pozwala wyodrębnić pojęcie osoby trzeciej.

Tajemnica bankowa nie obowiązuje w stosunku do osoby, której dotyczą informacje nią obojętą. Natomiast wszystkie inne osoby są dla banku osobami trzecimi. Takim osobom informacje objęte tajemnicą mogą zostać udzielone tylko na podstawie upoważnienia udzielonego bankowi przez osobę, której dotyczą informacje konfidencjonalne. Może do tego dojść z mocy samej ustawy (por. art. 105, 106a i 106b PrBank). B. Smykla za osoby trzecie uznaje w szczególności: akcjonariuszy banku, członków w bankach spółdzielczych, audytorów niezatrudnionych przez bank oraz wszelkiego rodzaju podmioty powiązane. Według autora nie są osobami trzecimi dla oddziału banku zagranicznego „ani oddziały ani centrala. O ile informacje pozostają w strukturach organizacyjnych tego banku".[66]

Na podstawie upoważnienia osoba trzecia może uzyskać dostęp do właściwej tajemnicy bankowej. Co do wymogów formalnych takiego upoważnienia przedłożonego przez klienta bankowi, to „powinno wskazywać konkretną zindywidualizowaną osobę, której bank może przekazać te informacje (oznaczenie powinno mieć miejsce w postaci przynajmniej imienia, nazwiska lub nazwy, adresu lub siedziby osoby trzeciej)".[67] Niedopuszczalne jest udzielenie bankowi przez klienta otwartego upoważnienia do ujawniania osobom trzecim tajemnicy bankowej. Jak podaje M. Krzysztofek, w praktyce i literaturze formułowana jest liberalna wykładnia art. 104 ust. 3, zgodnie z którą warunek określony w tym przepisie należy

---

[65] B. Smykla, Prawo..., op.cit., s. 343
[66] B. Smykla, Prawo..., op.cit., s. 344, z pisma Generalnego Inspektora Nadzoru Bankowego NB/BI/WA/16/2000 do prezesów banków z dnia 11.2.2000 r. opubl. m.in. w: Biuletyn Prawniczy PKO BP S.A. 2000, Nr 2, s. 155 i nast.
[67] Pismo NB/BNP/I/434/00 Przewodniczącego KNB

uznać za spełniony nie tylko w przypadku imiennego wskazania podmiotu uprawnionego, ale też kategorii podmiotów uprawnionych. Za przykład takich kategorii podmiotów uprawnionych autor podaje spółki powiązane kapitałowo z upoważnionym bankiem.[68] Ponadto upoważnienie powinno precyzować zakres informacji, do których się odnosi. M. Krzysztofek podziela pogląd, że określenie w upoważnieniu zakresu przedmiotowego może nastąpić przez wskazanie punktu odniesienia, na przykład wszelkich informacji zawartych w określonej umowie o czynność bankową.

M. Bączyk z art. 104 ust. 3 PrBank wywodzi możliwości modyfikacyjne zakresu tajemnicy bankowej. Do takiej modyfikacji może dojść wyłącznie z woli beneficjenta, i może ona polegać na: ograniczeniu czasu trwania obowiązku banku (modyfikacja zasięgu czasowego), rozszerzeniu katalogu osób uprawnionych do uzyskania informacji (modyfikacja zasięgu podmiotowego) oraz zawężeniu kręgu informacji konfidencjonalnych (modyfikacja zakresu przedmiotowego).[69]

Autor podkreśla, że upoważnienie zawarte w opisywanym ustępie stanowi oświadczenie woli beneficjenta, i jako takie podlega regulacji art. 60 k.c. Wymagana jest forma pisemna, stanowiąca dowód zwolnienia banku z obowiązku zachowania tajemnicy oraz zakresu tego zwolnienia. Innego zdania jest J. Molis, który stwierdza, że upoważnienie „powinno" mieć formę pisemną. Takie upoważnienie zawsze powinno być kierowane do banku, a nie do osoby trzeciej. Upoważnienie może być odwołane lub zmienione w każdej chwili przez beneficjenta.

Ponadto trzeba zwrócić uwagę, iż przepisy wprowadzające wymaganie zachowania formy pisemnej upoważnienia nie mówią wprost, w jakim dokumencie musi być ono dokonane. Stąd M. Bączyk wywodzi możliwość zawarcia upoważnienia w odrębnym dokumencie oraz umieszczenie upoważnienia w treści indywidualnych umów bankowych (tzw. klauzule upoważniajace w umowach

---

[68] M. Krzysztofek, Tajemnica..., s. 89
[69] M.Bączyk, Prawo..., op.cit., s. 540

rachunku bankowego, umowach kredytowych i innych). Autor dodaje, że takie klauzule nie mogą się znaleźć w bankowych wzorcach umownych, czyli np. regulaminach, ponieważ o udzieleniu lub nieudzieleniu odpowiedniego upoważnienia bankowi decyduje bowiem zawsze suwerennie sam beneficjent. To stanowisko potwierdził w swojej wykładni Przewodniczący Komisji Nadzoru Bankowego[70], stwierdzając zakaz umieszczania przez banki w ogólnych warunkach umów i w regulamin klauzul zezwalających na ujawnienie tajemnicy bankowej osobom trzecim.

Odrębną kwestią pozostaje dostęp przedstawiciela ustawowego do informacji konfidencjonalnych. Za M. Bączykiem należy stwierdzić, iż przedstawiciel ustawowy beneficjenta ma zawsze dostęp do informacji objętych tajemnicą bankową w zakresie umocowania wynikającego z ustawy lub orzeczenia sądowego, i może on udzielać upoważnienia przewidziane w art. 104 ust. 2 PrBank.[71]

Kontrowersje w doktrynie wzbudza natomiast uprawnienie banku do udzielania informacji objętych tajemnicą bankową oraz ich zakresu na rzecz pełnomocnika beneficjenta tajemnicy bankowej. L. Mazur w swoim komentarzu twierdzi, jednak, że należy przyjąć, iż skuteczne wobec banku umocowanie pełnomocnika do dokonania określonych czynności tworzy skuteczną podstawą prawną, odrębną od przewidzianej w ust.3, dla ujawinienia pełnomocnikowi informacji dyskrecjonalnych.[72] Ten pogląd podziela M. Bączyk, stwierdzając, iż mocodawca (beneficjent) nie musi dodatkowo upoważniać banku na piśmie do udzielenia informacji pełnomocnikowi jako osobie trzeciej.[73] Dodajmy, iż pełnomocnik może otrzymać tylko takie informacje, które są funkcjonalnie związane z zakresem jego umocowania. B.Smykla uważa, iż w każdym konkretnym przypadku należy badać zakres udzielonego pełnomocnitwa i konfrontować go z zakresem wiadomości, które mają być przekazane pełnomocnikowi. O ile zakres

---

[70] Pismo Przewodniczącego KNB z 21 lipca 2000 r., nr NB/BNP/I/434/00, „Prawo Bankowe" 2000, nr 7-8, s. 158
[71] M.Bączyk, Prawo..., op.cit., s. 543
[72] L. Mazur, Prawo..., op.cit. s. 603
[73] M.Bączyk, Prawo..., op.cit., s. 542

wiadomości wykraczałby poza zakres umocowania, aby wiadomość mogła być przekazana, konieczne jest odrębne upoważnienie banku.[74]

Szerszego wyjaśnienia wymaga ujawnienie informacji objętych tajemnicą bankową małżonkowi osoby, której te dane dotyczą. Uznaje się, że małżonek jest osobą trzecią w rozumieniu art. 104 ust. 3 PrBank, jeśli nie wiąże go z bankiem wspólne zobowiązanie z małżonkiem. W takiej sytuacji wyłączną podstawę ujawnienia tajemnicy bankowej małżonkowi osoby, której dotyczą informacje chronione, jest udzielone przez beneficjenta upoważnienie z art. 104 ust. 3 PrBank albo pełnomocnictwo z art. 95 § 1 lub 109^1 § 1 k.c. Relacje obligacyjne na linii bank – małżonek beneficjenta (np. udzielenie poręczenia) pozbawiają go stosusu osoby trzeciej, gdyż staje się on osobą, której dotyczą informacje objęte tajemnicą bankową. Zaznaczmy jednak, że dopuszczalny zakres dostępu do wiadomości chronionych jest wyznaczany przez relacje obligacyjne wiążące go z bankiem. Dodajmy, że samo udzielnie małżonkowi zgody na dokonanie czynności prawnej nie stanowi podstawy do ujawnienia tajemnicy bankowej.[75]

W ust. 4 art. 104 PrBank ukształtowany został rodzaj tajemnicy bankowej, który wykazuje szereg cech specyficznych. Do ustawy został on wprowadzony w 2004 roku. W wyniku nowelizacji z zakresu ochrony tajemnicy bankowej wyłączone zostały informacje dotyczące przepływu wiadomości pomiędzy bankiem a Policją na podstawie przepisów ustawy o Policji.[76]

Jak to zostało ustalone w obowiązującym stanie prawnym informacje te, na podstawie omawianego ust. 4 nadal objęte są tajemnicą, ale nie jest to już jednak tajemnica bankowa.[77] Ma ona nadal bezwzględny charakter, tj. obowiązuje wobec stron umowy, innych osób, których dotyczącą informacje oraz osób trzecich – i

---

[74] B. Smykla, Prawo…, op.cit., s. 345
[75] M. Krzysztofek, Tajemnica…, s. 93
[76] Ustawa z dnia 6 kwietnia 1990 r. o Policji (Dz.U. 1990 nr 30 poz. 179 z późn. zm.)
[77] B. Smykla, Prawo…, op.cit., s. 346

objęta jest reglamentacją prawną wynikającą z przywołanych w ust. 4 przepisów PolU.

B. Smykla zauważa, że w omawianym ustępie, zanegowana została zasada, zgodnie z którą dysponentem tajemnicy jest osoba, której informację dotyczą. Autor dodaje, że w ramach przepisów określających dostęp Policji do tajemnicy bankowej, dostęp ten odbywa się nie tylko poza wolą klienta, ale także poza jego wiedzą. Przy czym obieg informacji pomiędzy bankiem a Policją ma charakter zamknięty. Oznacza to, iż nikt inny oprócz Policji, działającej w trybie określonym w art. 20 ust. 4-10 i 13 PolU, oraz banku i osoby, za pośrednictwem których bank wykonuje czynności bankowe nie ma dostepu do informacji określonych w ust. 4.

J. Molis w oparciu o powyższe wyjątki dowodzi, że omawiany przypadek tajemnicy ma charakter stritce publicznoprawny, a przez to podlega odmiennej ocenie w zakresie uchybienia obowiązkowi dyskrecji.[78]

Przepływ wiadomości pomiędzy bankiem a Policją odbywa się na podstawie z góry określonych reguł. Po pierwsze, na podstawie art. 20 ust. 3 PolU, Policja może korzystać m.in. z przetwarzanych przez banki informacji stanowiących tajemnicę bankową, jeżeli jest to konieczne dla skutecznego zapobieżenia przestępstwom określonym w art. 19 ust. 1 (przestępstwa umyślne, ścigane z oskarżenia publicznego, m.in. przeciwko życiu określone w art. 148-150 KK) lub ich wykrycie albo ustalenia sprawców i uzyskania dowodów.[79] Informacje oraz dane, stanowiące tajemnicę bankową podlegają ochronie przewidzianej w przepisach o ochronie informacji niejawnych. Mogą być udostępniane jedynie funkcjonariuszom prowadzącym czynności w danej sprawie oraz ich przełożonym, uprawnionymi do sprawowania nadzoru nad prowadzonymi przez nich czynnościami operacyjno-rozpoznawczymi. Ponadto akta zawierające dane objęte tajemnicą, udostępnia się wyłącznie sądom i prokuratorom, jeżeli następuje to w celu ścigania karnego. Informacje udostępnia się

---

78 J. Molis, Prawo..., op.cit., s. 246

79 B. Smykla, Prawo..., op.cit., s. 347

na podstawie postanowienia wydanego na pisemny wniosek Komendanta Głównego Policji lub komendanta wojewódzkiego Policji przez sąd okręgowy właściwy miejscowo ze względu na siedzibę wnioskującego organu o czym stanowi art. 20 ust. 5PolU. W postanowieniu sąd wyraża zgodę na udostępnienie informacji określając ich rodzaj i zakres, podmiot zobowiązany do uch udostępnienia oraz organ Policji uprawniony do zwrócenia się o przekazanie informacji. Na postanowienie przysługuje zażalenie. Po otrzymaniu zgody, uprawniony przez sąd organ Policji pisemnie informuje bank: o rodzaju i zakresie danych, które mają być udostępnione, podmiocie, którego te dane dotyczą, a także o osobie funkcjonariusza upoważnionego do ich odbioru. Do 90 dni od dnia przekazania danych Policja informuje podmiot, którego one dotycząca, o postanowieniu sądu wyrażającym zgodę na udostępnienie danych. Sąd może ten obowiązek zawiesić na czas oznaczony. Z takim wnioskiem występuje Komendant Główny Policji za pisemną zgodą Prokuratura Generalnego. Jeżeli informacje objęte tajemnicą bankową nie dostarczą podstaw do wszczęcia postępowania przygotowawaczego, organ wnioskujący zawiadamia o tym pisemnie bank. Za szkodzy wyrządzone naruszeniem postanowień ust. 4 odpowiedzialność na zasadach określonych w Kodeksie cywilnym ponosi Skarb Państwa.[80]

Dwa ostatnie ustępy art. 104 Pr Bank, czyli ust. 5 i 6 bezpośrednio nawiązują do rozwiązań przyjętych w ust. 2. Zawierają rozwiązania, których zadaniem jest zapobieżenie sytuacjom, w których ujawnienie informacji objętych tajemnicą bankową, nie spowodowałoby wykorzystania tych danych w innych celach niż wykonanie umów o których umowa w ust. 2 pkt. 1,2 i 4-6 i ust. 1 pkt 3 PrBank.

Ust. 5 traktuje o bankach i osobach w nich zatrudnionych, którym udzielono lub ujawniono informacje objęte tajemnicą bankową. Mogą one wykorzystać te informacje wyłącznie w celu zawarcia i wykonania umów.

---

80 B. Smykla, Prawo..., op.cit., s. 349-350

Natomiast ust. 6 odsyła do ust.5. Odesłanie to należy traktować, jako mające zastosowanie w stosunku do osób zatrudnionych w kancelariach, w spółkach lub zespołach, w których adwokacji i radcowie prawni wykonują swój zawód.

2.2. ODPOWIEDZIALNOŚĆ ZA NARUSZENIE TAJEMNICY BANKOWEJ

2.2.1. ODPOWIEDZIALNOŚĆ KARNA

Sankcje karne istnieją w polskim Prawie bankowym od 1992 roku. Trzeba podkreślić, że odpowiedzialność karna za naruszenie tajemnicy bankowej jest rzadkością w innych krajach.[81]

Obecnie, ustawa Prawo bankowe w rozdziale 13 zatytułowanym „Odpowiedzialność cywilna i karna" konstytuuje odpowiedzialność za naruszenie tajemnicy bankowej. Jeśli chodzi o odpowiedzialność karną to jest ona ustanowiona w art. 171 ust. 4 i 5. Są to przestępstwa indywidualne właściwe, która mogą być popełnione wyłącznie przez osoby zobowiązane do podania uprawnionym organom informacji dotyczących banku i klientów banku w zakresie ustalonym w ustawie (ust. 4) oraz osoby zobowiązane do zachowania tajemnicy bankowej (ust.5).

Pierwszy z ustępów stwierdza, iż „kto, będąc obowiązany do podania uprawnionym organom informacji dotyczących banku i klientów banku w zakresie ustalonym w ustawie, podaje nieprawdziwe lub zataja prawdziwe dane, podlega grzywnie i karze pozbawienia wolności do lat 3".

Art. 171 ust. 5 stwierdza natomiast, że „kto, będąc obowiązany do zachowania tajemnicy bankowej, ujawnia lub wykorzystuje informacje stanowiące tajemnicę bankową, niezgodnie z upoważnieniem określonym w ustawie, podlega grzywnie do 1.000.000 złotych i karze pozbawienia wolności do lat 3". Omawiany ustęp stanowi lex specialis w stosunku do art. 266 § 1 k.k. Oznacza to, że w przypadku realizacji znamion ust. 5, sprawca odpowiadać będzie wyłacznie na podstawie tego przepisu; jeśli sprawcą byłby funkcjonariusz publiczny, dla pełnego oddania zawartości

[81] E.Fojcik-Mastalska [w:] Prawo bankowe. Komentarz, M. Bączyk i inni, Warszawa 2007, s. 802

kryminalnej czynu konieczne jest powołanie w kwalifikacji prawnej także art. 266 § 2 k.k.

Do ujawnienia konfidencjonalnych informacji dochodzi w sytuacji podjęcia zachowania umożliwiającego innej osobie zapozanie się z tymi informacjami, bez względu na to, czy do takiego zapozania rzeczywiście doszło.[82] Za „ujawnienie" uznaje się, więc „umożliwienie zapoznania się z treścią informacji stanowiących tajemnicę bankową taki sposób, który pozwala zrozumieć ich sens".[83] Faktyczne zapoznanie się z treścią informacji stanowiącej tajemnicę bankowa ma wpływ na społeczną szkodliwość czynu, a co za tym idzie także na wymiar kary. Przy czym nie jest istotny sposób ujawnienia informacji. Może do tego dojść poprzez okazanie dokumentu, przekazanie słowne, gestem, ujawnienie samego hasła dostępu do informacji itp. Nie jest również istotny ani cel ani krąg odbiorców ujawnionej informacji. Warto dodać, że nie dochodzi do ujawnienia, gdy dana informacja była już znana osobie, której ją udostępniono lub gdy osoba ta miała wcześniej dostęp do tej ifnormacji, choćby się z nią nawet wtedy nie zapoznała.

Z art. 104 ust. 1 PrBank, B. Smykla wyprowadza pogląd, iż w związku z tym, że przepis ten mówi, że podmiotami obowiązanymi do zachowania tajemnicy bankowej są bank, osoby w nim zatrudnione w banku i osoby, za pośrednictwem których bank wykonuje czynności bankowe, to oznacza to, iż przestępstwa z art. 171 ust. 4 nie popełnia osoba spoza banku (niewymieniona w art. 104 ust. 1).[84] Odpowiedzialności karnej będą więc podlegać również osoby świadczące usługi na podstawie umowy o dzieło lub umowy zlecenia, ale nigdy inne osoby zobowiązane (np. umownie) do zachowania tajemnicy bankowej.[85]

Należy podkreślić, iż w tej części ustawa Prawo bankowe zawiera pozakodeksowe przepisy karne, do których zastosowanie mają przepisy części

[82] L. Mazur, Prawo..., op.cit. s. 811
[83] Katarzyna Płończyk, Paweł Podlasko [w:] Prawo bankowe. Komentarz, red. F. Zoll, Zakamycze 2005
[84] B. Smykla, Prawo..., op.cit., s. 525
[85] L. Mazur, Prawo..., op.cit. s. 810

ogólnej Kodeksu karnego (art. 116 k.k.). W samym Kodeksie określono również sankcje za inne przestępstwa dokonywane w obrocie finansowym. Umiejscowiono je w rozdziale XXXVI – Przestępstwa przeciwko obrotowi gospodarczemu, oraz w rozdziale XXXVII – Przestępstwa przeciwko obrotowi pieniędzmi i papierami wartościowymi.

Przestępstwa określone w art. 171 ust. 4 i 5 tak samo, jak i pozostałe przestępstwa określone w tym artykule podlegają ściganiu z urzędu. Często w takich przypadkach stosowane jest nie tylko zawiadomienie o dokonaniu przestępstwa, ale również wniosek o ukaranie.

W swoim komentarzu L. Mazur wprowadzenie przepisów karnych dotyczących przestrzegania tajemnicy bankowej ocenia pozytywnie, albowiem jego zdaniem „taka odpowiedzialność może mieć znaczny i pozytywny wpływ na prawidłowość zachowań w tym zakresie".[86] Ponadto podkreśla, że banki dysponując informacjami, których ujawnienie może spowodować nieodwracalne szkody o wielkich rozmiarach. Nawiązując w ten sposób wprost do terminologii używanej w Kodeksie karnym.

L. Mazur podziela natomiast krytyczny pogląd doktryny, odnoszący się do samego sposobu, w jaki odpowiedzialność karna została wprowadzona. Krytyce podlega m.in. wysokość zagrożenia, kumulatywne zagrożenie karami grzywny i pozbawienia wolności, podobne zagrożenia karą co do czynów z ust. 4 oraz 5.

Jeśli chodzi o pierwszy z zarzutów czynionych przez L. Mazura, to ze względu na wysokość ustanowionych sankcji czyny karalne należą do poważnych przestępstw o charakterze występków. Sama ustawa reguluje, jednak jedynie te czyny, które polegają na naruszeniu najpoważniejszych zakazów lub nakazów tej ustawy. E. Fojcik-Mastalska zauważa, że zagrożenie grzywną i karą pozbawienia wolności do lat 3 za podawanie nieprawdziwych lub zatajanie prawdziwych danych

[86] L. Mazur, Prawo..., op.cit. s. 809

przed podmioty zobowiązane, w sytuacji, gdy wielorakie wyjątki od zasady tajemnicy bankowej – jako obowiazku profesjonalnej dyskrecji – budzą stale w bankach (i nie tylko w bankach) wątpliwości i obawy przed nadmiernym zakresem odstępstw od tej zasady oraz możliwymi tego konsekwencjami.[87] Zdaniem autorki nie tylko sankcje karne są zbyt surowe, ale też sama kryminalizacja omawianych zachowań. Jak podaje, pojawiają się opinie, że wystarczające byłby tu sankcje typu dyscyplinarnego, a co najwyżej grzywna.

[87] E.Fojcik-Mastalska, Prawo..., op.cit., s. 799-801

2.2.2. *Odpowiedzialność cywilno-odszkodowawcza*

Oprócz opisanej w poprzednim podrozdziale odpowiedzielności karnej, Prawo bankowe wprowadza obowiązek pokrycia przez bank szkody powstałej w wyniku ujawnienia tajemnicy bankowej i wykorzystania jej niezgodnie z przeznaczeniem. Ustawodawca określa ten obowiązek w art. 105 ust. 5 i 6 PrBank.

Dochodzenie odszkodowania z tytułu naruszenia tajemnicy bankowej było możliwe także przed wprowadzeniem tych przepisów, na podstawie ogólnych zasad odpowiedzialności odszkodowawczej z tytułu czynów niedozwolonych, uregulowanej w Kodeksie cywilnym.

Odpowiedzialność odszkodowawcza banku występuje wówczas, gdy zaistnieją wszystkie jej przesłanki, tj. naruszenie obowiązku zachowania tajemnicy, szkoda, związek przyczynowy. Omawiany przepis nie tworzy samodzielnej podstawy odpowiedzialności banku. Jak podaje M. Bączyk „w grę może wchodzić odpowiedzialnmość kontraktowa (art. 471 i 474 k.c.) lub deliktowa tej instytucji (art. 415, 429 i 430 k.c.)".[88]

Wykazanie istnienia przesłanek odpowiedzialności odszkodowawczej banku leży po stronie poszkodowanego beneficjenta, co wynika wprost z art. 6 k.c., stanowiącego, iż „ciężar udowodnienia faktu spoczywa na osobie, która z faktu tego wywodzi skutki prawne." Pomocniczo stosuje się w tym przypadku również domniemania faktyczne, np. wykazanie naruszenia przez bank innych obowiązków kontraktowych czy posiadania przez osobe nieuprawnioną informacji konfidencjonalnych.

Problematyczna pozostaje kwestia koniunkcji zdarzeń, powodujących szkodę. Otóż, ustawodawca w art. 105 ust. 5 PrBank mówi, że zdarzeniami powodującymi szkodę są „ujawnienie tajemnicy bankowej i wykorzystanie jej niezgodnie z

[88] M.Bączyk, Prawo..., op.cit., s. 556

przeznaczeniem". J. Molis uważa, że koniunkcyjne ujęcie opisu wskazanych zdarzeń jest kłopotliwe, ponieważ sugeruje, że bank odpowiada za szkodę tylko wtedy, gdy wystąpią zarówno „ujawnienie tajemnicy bankowej", jak i „wykorzystanie jej niezgodnie z przeznaczeniem".[89] Tymczasem, zdaniem autora, możliwe są przypadki powstania szkody spowodowanej wystąpieniem każdego z tych zdarzeń z osobna. W tej materii, L. Mazur podziela opinie M. Bączyka, że zdarzenia wymienione w omawianym przepisie, należy postrzegać w taki sposób, iż ustawodawca wymienia dwie postacie naruszenia tajemnicy bankowej, a bank ponosi odpowiedzialność również za szkodę wynikłą tylko z ujawnienia informacji konfidencjonalnych lub tylko z ich wykorzystania niezgodnie z przeznaczeniem.[90]

Zasadą odpowiedzialności banku zawsze pozostaje wina. Zdaniem M. Bączyka bezpodstawne byłby doktrynalne próby poszerzenia takiej odpowiedzialności i przyjmowanie zasady ryzyka. J. Molis dodaje, że rozszerzenie odpowiedzialności banku na zasadę ryzyka idzie za daleko przede wszystkim dlatego, że w obowiązującym stanie prawnym brakuje materiału normatywnego określającego ewentualne okoliczności egzoneracyjne.[91] J. Molis tłumaczy, że przyjęcie założenia odpowiedzialności banku na zasadzie ryzyka, prowadziłoby do trudnych do zaakceptowania rezultatów, np. bank odpowiadałaby za naruszenie tajemnicy bankowej także wtedy, gdyby ujawnienie danych konfidencjonalnych wyniknęło z wyłącznej winy osoby trzeciej, za którą nie ponosi odpowiedzialności.[92]

Wszystkie kryteria należytej staranności banku – zdaniem M. Bączyka – należy odnieść do obowiązku zachowania tajemnicy bankowej, które autor wywodzi z art. 355 § 2 k.c. Przepis ten stanowi, iż „należytą staranność dłużnika w zakresie

---

[89] J. Molis, Prawo..., op.cit., s. 264

[90] L. Mazur za M. Bączyk [w:] Prawo bankowe, komentarz, s. 458

[91] Okoliczności egzoneracyjne to pewne stany faktyczne, na które może powołać się zobowiązany do naprawienia szkody w celu zwolnienia się od odpowiedzialności na zasadzie ryzyka. Są nimi: siła wyższa (łac. vis maior), nastąpienie szkody wyłącznie z winy poszkodowanego oraz nastąpienie szkody wyłącznie z winy osoby trzeciej, za którą dłużnik nie ponosi odpowiedzialności.

[92] J. Molis, Prawo..., op.cit., s. 263

prowadzonej przez niego działalności gospodarczej określa się przy uwzględnieniu zawodowego charakteru tej działalności". To do banku należy stworzenie odpowiednich, techniczno-organizacyjnych warunków wywiązania się z tej powinności w czasie nawiązywania stosunku obligacyjnego (art. 104 ust. 1 PrBank), w okresie wykonywania zobowiązania wynikającego z tego stosunku, a także po jego wygaśnięciu.[93] M. Bączyk uważa, że niedopuszczalne są klauzule umowne ograniczające odpowiedzialność odszkodowawczą banku w razie naruszenia tajemnicy bankowej do niektórych postaci winy, np. rażącego niedbalstwa.

Odpowiedzialność odszkodowawcza banku ma co do zasady charakter odpowiedzialności kontraktowej ex contractu (art. 471, 474 k.c.). Pewne trudności nastręcza, jednak kwestia reżimu i podstaw odpowiedzialności odszkodowawczej banku w sytuacji beneficjenta niebędącego (w ogóle, jeszcze lub już) kontrahentem instytucji bankowej. M. Bączyk proponuje w tej kwestii dwa rozwiązania. Po pierwsze, przy założeniu, że obowiązek zachowania tajemnicy ma charakter powinności uniwersalnej banku i wynika ex lege, należałoby przyjąć odpowiedzialnosc kontraktową banku, np. bezpodstawne ujawnienie przez bank informacji w okresie negocjacji i tym samym spowodowanie ich przerwania (art. 471 k.c.). Po drugie, można by też spróbowac odwołać się do konstrukcji odpowiedzialności culpae in contrahendo, czyli winy w wyborze.

Samo naruszenie obowiązku zachowania tajemnicy, bez wyrządzenia szkody, może skutkować, omówioną w poprzednim podrozdziale, odpowiedzialnością karną lub określonymi restrykcjami ze strony Komisji Nadzoru Finansowego (art. 138 ust. 3 PrBank). Ponadto zaistnienie szkody nie będzie również konieczne, aby naruszenie obowiązku określonego w art. 104 ust 1 PrBank stało się podstawą wypowiedzenia stosunków prawnych łączych bank z klientem z uwagi na utratę zaufania do kontrahenta.[94]

---

[93] M.Bączyk, Prawo..., op.cit., s. 557
[94] L. Mazur, Prawo..., op.cit. s. 617

Na koniec trzeba zwrócić uwage na fakt, że powstanie odpowiedzialności odszkodowawczej nie wyczerpuje wszystkich skutków prawnych naruszenia tajemnicy bankowej. M. Bączyk podaje, że w takim przypadku mogą się też pojawić roszczenia o naruszenie dóbr osobistych (art. 24 i 448 k.c.) lub zaaktualizować niektóre prawa kształtujące beneficjenta, np. uprawnienie do wypowiedzenia niektórych umów bankowych czy odstąpienia od nich.

Natomiast bank nie ponosi odpowiedzialności za szkodę wynikajacą z ujawnienia tajemnicy bankowej przez osoby i instytucje upoważnione przez ustawę do żądania od banków udzielania informacji stanowiących tajemnicę bankową (art. 105 ust. 6 PrBank). Odpowiedzialnośc tych podmiotów wobec beneficjentów tajemnicy bankowej kształtuje się według zasad ogólnych. W przypadku niedopuszczalnego ujawnienia informacji objętych poufnością przez prokuratora lub sąd odpowiedzialność będzie ponosił Skarb Państwa. Nartomiast jak podkreśla M. Bączyk, nie jest wykluczona odpowiedzialność solidarna banku i podmiotu, któremu przekazał on dane objęte tajemnicą. Może do tego dojść, np. w razie powierzenia przez bank informacji w zakresie przekraczającym kryteria ustawowe i wykorzystanie tych informacji przez dany podmiot poza granicami upoważnienia.

2.3. WYKORZYSTANIE INFORMACJI OBJĘTYCH PROCEDURĄ BANKOWĄ

2.3.1. PRZETWARZANIE DANYCH OSOBOWYCH PRZEZ BANKI, A TAJEMNICA BANKOWA

Z wykonywaniem czynności bankowych przez banki nierozerwalnie wiąże się kwestia przetwarzania danych osobowych, a jak wiadomo, praktycznie wszystkie informacje o kliencie i wykonywanych przez niego czynnościach objęte są tajemnicą bankową (więcej w podrozdziale o przedmiotowym zakresie tajemnicy bankowej). Podstawę prawną do przetwarzania danych przez banki daje przede wszystkim ustawa z dnia 29 sierpnia 1997 r. o ochronie danych osobowych.[95]

Samo pojęcie przetwarzania danych ustawodawca definiuje w art. 7 pkt 2 u.o.d.o., wskazując, iż „rozumie się przez to jakiekolwiek operacje wykonywane na danych osobowych, takie jak zbieranie, utrwalanie, przechowywanie, opracowywanie, zmienianie, udostępnianie i usuwanie, a zwłaszcza te, które wykonuje się w systemach informatycznych".

Przepisy regulujące tajemnicę bankową są przepisami szczególnymi wobec pięciu równorzędnych przesłanek z art. 23 ust. 1 u.o.d.o., które są wymagane do przetwarzania danych osobowych. Przesłanki dopuszczalności przetwarzania danych są następujące: osoba, której dane dotyczą, wyrazi na to zgodę, chyba że chodzi o usunięcie dotyczących jej danych; jest to niezbędne dla zrealizowania uprawnienia lub spełnienia obowiązku wynikającego z przepisu prawa; jest to konieczne do realizacji umowy, gdy osoba, której dane dotyczą, jest jej stroną lub gdy jest to niezbędne do podjęcia działań przed zawarciem umowy na żądanie osoby, której dane dotyczą; jest niezbędne do wykonania określonych prawem zadań realizowanych dla dobra publicznego; jest to niezbędne dla wypełnienia prawnie usprawiedliwionych celów realizowanych przez administratorów danych albo

---

[95] Ustawa z dnia 29 sierpnia 1997 r. o ochronie danych osobowych (Dz.U. 1997 nr 133 poz. 883 ze zm.)

odbiorców danych, a przetwarzanie nie narusza praw i wolności osoby, której dane dotyczą.

Jak podkreśla M. Krzysztofek w książce „Tajemnica bankowa i ochrona danych osobowych", przesłanki dopuszczalności przetwarzania danych osobowych określone w art. 23 (i 27) u.o.d.o. odnoszą się w przypadku przetwarzania danych osobowych stanowiących tajemnicę bankową do zakresu przetwarzania danych ograniczonego w stosunku do art. 7 pkt 2 u.o.d.o. – przetwarzanie prowadzone na podstawie art. 23 (i 27) nie może obejmować udostępniania danych osobowych klientów banków i innych osób, których dane podlegają ochronie w przepisach o tajemnicy bankowej. Zdaniem autora wyłączenie to wynika z odesłania w art. 5 u.o.d.o., który mówi, że „jeżeli przepisy odrębnych ustaw, które odnoszą się do przetwarzania danych, przewidują dalej idącą ich ochronę, niż wynika to z niniejszej ustawy, stosuje się przepisy tych ustaw." Są nimi przepisy o tajemnicy bankowej, gdyż jak wskazuje M. Krzysztofek, udostępnianie danych osobowych stanowiących tajemnicę bankową jest ujawnianiem albo udzielaniem informacji nią objętych.[96]

Pierwszą z przesłanek dopuszczalności przetwarzania danych, określoną w art. 23 ust. 1 pkt 1 u.o.d.o., jest zgoda osoby, której dane dotyczą. Pojęcie zgody definiuje art. 7 pkt 5 ustawy, który od 7 lipca 2011 roku ma mieć nowe brzmienie, a mianowicie, będzie on określał zgodę na przetwarzanie, jako „oświadczenie woli, którego treścią jest zgoda na przetwarzanie danych osobowych tego, kto składa oświadczenie; zgoda nie może być domniemana lub dorozumiana z oświadczenia woli o innej treści; zgoda może być odwołana w każdym czasie".[97] Odebranie zgody przez bank albo podmiot przetwarzający dane w jego imieniu i na jego rzecz musi nastąpić przed jego rozpoczęciem.

[96] M. Krzysztofek, Tajemnica..., s. 241-242
[97] W dotychczasowym stanie prawnym, tj. przed wejściem w życie nowelizacji, art. 7 pkt 5 u.o.d.o. brzmiał następująco: „zgodzie osoby, której dane dotyczą – rozumie się przez to oświadczenie woli, którego treścią jest zgoda na przetwarzanie danych osobowych tego, kto składa oświadczenie; zgoda nie może być domniemana lub dorozumiana z oświadczenia woli o innej treści"

Jak zauważa M. Krzysztofek, zestawienie zgody na przetwarzanie danych osobowych z art. 23 ust. 1 pkt 1 u.o.d.o. z pisemnym upoważnieniem z art. 104 ust. 3 PrBank, udzielonym bankowi przez osobę, której informacje dotyczą, ilustruje różnicę między konstrukcjami ochrony danych osobowych i tajemnicy bankowych. Polega ona mianowicie na tym, że przetwarzanie danych osobowych następuje w formie operacji wykonywanych na danych osobowych wskazanych w otwartym katalogu w art. 7 pkt 2 ustawy, natomiast udostępnianie danych – ujawnienie, udzielenie albo przekazanie informacji objętej tajemnicą bankową w rozumieniu przepisów o tajemnicy bankowej – jest tylko jednym z rodzajów tych operacji.

W związku z tym, iż zgoda na przetwarzanie danych osobowych jest oświadczeniem woli, to stosuje się do niej przepisy Kodeksu cywilnego o wadach oświadczeń. Mogą one stanowić podstawę do uchylenia się przez osobę (klienta banku) od skutków prawnych zgody na przetwarzanie danych, wyrażonej przez nią pod wpływem istotnego błędu wynikającego z przekazania tej osobie przez administratora danych niedostatecznej lub nieprawdziwej informacji o celu ich zbiernia lub odbiorcach danych. Skutkiem niedopełnienia obowiązków informacyjnych klienta jest w tym przypadku nieważność oświadczenia woli o zgodzie na przetwarzanie danych.

Osoba, do której bank występuje o wyrażenie zgody na przetwarzanie danych osobowych ma możliwość odmowy. Według stanowiska Generalnego Inspektora Danych Osobowych opcji zgody musi towarzyszyć opcja odmowy. M. Krzysztofek zwraca uwagę na powszechny błąd popełniany przez wiele banków, którym jest odbieranie od osób wnioskujących o udzielnie kredytu oświadczenia o zgodzie na udostępnianie danych osobowych Biuru Informacji Kredytowej S.A., mimo że takie przetwarzanie danych przez banki w związku z wykonywaniem czynności bankowych jest niezbędne do zrealizowania uprawnienia wynikającego z przepisu art. 105 ust. 4 PrBank, co spełnia warunek dopuszczalności przetwarzania danych określony w art. 23 ust. 1 pkt 2 u.o.d.o. Autor odróżnia jednak odbieranie zgody na przetwarzanie danych osobowych w zakresie określonym w art. 105 ust. 4 PrBank, które uznaje za praktykę błędną, od odbierania przez banki zgody na przetwarzanie informacji stanowiących tajemnicę bankową w zakresie dotyczącym osób fizycznych po wygaśnięciu zobowiązania wynikającego z zawartej umowy z bankiem, w celu oceny zdolności kredytowej i analizy ryzyka kredytoweog. Art.105a PrBank uzależnia przetwarzanie danych w tym zakresie od zgody osoby, której dane dotyczą, z zastrzeżeniem wyjątków określonych w tym przepisie.[98]

W przypadku przetwarzania polegającego na udostępnianiu danych osobowych stanowiących tajemnicę bankową stosuje się zgodnie z odesłaniem z art. 5 u.o.d.o., przepisy o tajemnicy bankowej. Bez ujawnienia informacji podlegających tajemnicy bankowej często nie bybłoby możliwe należyte wykonanie umowy, na podstawie której jest wykonywana czynność bankowa. Za przykład można tutaj podać dokonanie przelewu na zlecenie posiadacza rachunku prowadzonego przez bank. W takiej sytuacji beneficjent oraz bank prowadzący jego rachunek uzyskują informacje stanowiące tajemnicę bankową. W szczególności jest nim numer rachunku bankowego nadawcy przelewu. Jednak trzeba zwrócić uwagę, że bez ujawnienia tych danych nie byłaby możliwa realizacji dyspozycji klienta, która pozostaje w związku z umową rachunku bankowego. Innymi przykładami są wnioski o wpis do hipoteki w księdze wieczystej, zastawu rejestrowego w rejestrze zastawów czy przewłaszczenia w dowodzie rejestracyjnym samochodu. W takich przypadkach ujawnienie tajemnicy bankowej jest niezbędne do ustanowienia zabezpieczeń wierzytelności przewidzianych w umowie, na podstawie której jest wykonywana czynność bankowa.[99]

---

[98] M. Krzysztofek, Tajemnica..., op. cit., s. 246

[99] M. Krzysztofek, Tajemnica..., op. cit., s. 250

2.3.2. *Wymiana informacji stanowiących tajemnicę bankową. Biuro Informacji Kredytowej S.A. i Związek Banków Polskich*

Ustawa Prawo bankowe nakłada na banki obowiązek przekazywania informacji stanowiących tajemnicę bankową: innym bankom, instytucjom kredytowym, innym instytucjom ustawowo upoważnionym do udzielania kredytów, instytucjom finansowym oraz instytucjom utworzonym przez banki do gromadzenia, przetwarzania i udostępniania informacji stanowiących tajemnicę bankową. Podstawę prawną w tym zakresie stanowi art. 105 ust. 1 pkt 1, 1a, 1b i 1c PrBank. Powyższej opisanemu obowiązkowi towarzyszy określony w art. 105 ust. 4 prawo banków do tworzenia instytucji upoważnionych do gromadzenia, przetwarzania i udostępniania informacji stanowiących tajemnicę bankową bankom i innym instytucjom ustawowo upoważnionym do udzielania kredytów.[100]

Ponadto banki są uprawnione do udostępniania danych objętych poufnością biurom informacji gospodarczej. Podstawę prawną w tym zakresie daje art. 105 ust. 4b PrBank. Instytucje utworzone przez banki do gromadzenia, przetwarzania i udostępniania informacji stanowiących tajemnicę bankową mogę je udostępniać biurom informacji gospodarczej, a także instytucjom finansowym będącym podmiotami zależnymi od banków. W tym przypadku podstawę prawną stanowi art. 105 ust. 4a i 4d PrBank.

Warto wyjaśnić czym w istocie są wymienione na wstępie instytucje. Definicję instytucji kredytowej odnajdujemy w art. 4 ust. 1 pkt 17 PrBank. Określa ona instytucję kredytową, jako „podmiot mający swoją siedzibę za granicą Rzeczypospolitej Polskiej na terytorium jednego z państw członkowskich Unii Europejskiej, prowadzący we własnym imieniu i na własny rachunek, na podstawie zezwolenia właściwych władz nadzorczych, działalność polegającą na przyjmowaniu depozytów lub innych środków powierzonych pod jakimkolwiek tytułem zwrotnym i

[100] M. Krzysztofek, Tajemnica..., op. cit., s. 95

udzielaniu kredytów lub o wydawaniu pieniądza elektronicznego". Z definicji instytucji kredytowej wynika więc, że podmiotami uprawnionymi do żądania od banku krajowego udzielenia informacji stanowiących tajemnicę bankową są banki z siedzibą za granicą, z ograniczeniem do państw członkowskich Unii Europejskiej.[101]

Definicja instytucji finansowej określona została w art. 4 ust. 1 pkt 7 PrBank. Przepis ten stanowi, że instytucja finansowa to „podmiot niebędący bankiem ani instytucją kredytową, którego podstawowa działalność będąca źródłem większości przychodów polega na wykonywaniu działalności gospodarczej". W dalszej części przepis ten zawiera enumeratywne wyliczenie zakresu działalności gospodarczej prowadzonej przez instytucję finansową. Mowa tu o działalności w zakresie m.in. nabywania i zbywania udziałów lub akcji, udzielania pożyczek ze środków własnych, udostępniania składników majątkowych na podstawie umowy leasingu, świadczenia usług w zakresie nabywania i zbywania wierzytelności, świadczenia usług związanych z transferem środków pieniężnych, świadczenia usług związanych z transferem środków pieniężnych, czy też świadczenia usług w zakresie zarządzania aktywami.

Artykuł 105 ust. 1 pkt 1 PrBank ogranicza obowiązek udzielania informacji stanowiących tajemnicę bankową innym bankom i instytucjom do zakresu, w jakim udostępione wiadomości są niezbędne w związku z wykonywaniem czynności bankowych oraz nabywaniem i zbywaniem wierzytelności.[102] Warto wspomnieć, że z podobną sytuacją, tj. obowiązkiem udzielenia informacji objętej poufnością „w związku" z wykonywaną działalnością mieliśmy w przypadku art. 104 ust. 2, gdzie opisywaliśmy wyjątki wyłączające tajemnicę bankową. Np. zgodnie z pkt 2 art. 104 ust. 2 PrBank obowiązek zachowania tajemnicy bankowej nie obowiązuje wobec przedsiębiorców, którym bank powierzył wykonywanie czynności związanych z działalnością bankową.

[101] M. Krzysztofek, Tajemnica..., op. cit., s. 96
[102] M. Krzysztofek, Tajemnica..., op. cit., s. 97

Punkt 1b art. 105 ust. 1 określa zakres dostępu do tajemnicy bankowej jako niezbędny do: wykonywania obowiązujących je przepisów dotyczących nadzoru skonsolidowanego, w tym w szczególności dla sporządzania skonsolidowanych sprawozdań finansowych, obejmujących także bank; zarządzania ryzykiem dużych zaangażowań; stosowania metod statystycznych, o którym mowa w art. 128d ust. 1 i 6 PrBank. Trzeba, jednak za M. Krzysztofkiem poczynić stosowną uwagę, iż cytowany powyżej przepis odnosi się do innego kręgu podmiotów, niż art. 105 ust. 1 pkt 1 PrBank. Poza innymi bankami oraz instytucjami kredytowymi przyznaje on również prawo żądania od banków informacji stanowiących tajemnicę bankową również instytucjom finansowym. Według M. Krzysztofka „oznacza to, że zakres dostępu innych banków oraz instytucji kredytowych do tajemnicy bankowej wyznacza zarówno art. 105 ust 1 pkt 1, jak i art. 105 ust. 1 pkt 1b PrBank, natomiast instytucje finansowe mogą uzyskać dane stanowiące tę tajemnicę wyłącznie w zakresie wskazanym w art. 105 ust. 1 pkt 1b PrBank”.[103]

Ocena czy warunki dostępu podmiotów wskazanych w art. 105 ust. 1 PrBank zostały spełnione leży w gestii samego banku, który w tym przypadku jest dysponentem informacji objętych poufnością. Wynika z tego, że bank jest obowiązany dokonać oceny, czy informacje są niezbędne czy na przykład tylko użyteczne dla osiągnięcia danego celu, albo czy ich brak uniemożliwia np. ocenę zdolności kredytowej czy też ich uzyskanie jedynie znacząco ułatwia przeprowadzenie tej oceny. M. Krzysztofek krytycznie ocenia użycie przez ustawodawcę zwrotu „informacje niezbędne w związku”. Jego zdaniem zawiera ona sprzeczność, która powoduje trudność interpretacyjną. Otóż, użycie w przepisie słowa „niezbędne” zdaniem autora zawęża zakres informacji podlegających przekazaniu do danych, których brak unimożliwia podmiotowi wykonanywanie

[103] M. Krzysztofek, Tajemnica…, op. cit., s. 97

czynności, natomiast zwrot „w związku" sugeruje w jego mniemaniu duży zakres tych informacji.[104]

Ustawodawca nakazuje udzielenie bankowi informacji stanowiących tajemnicę bankową, na zasadzie wzajemności, innym instytucjom ustawowo upoważnionym do udzielania kredytów (art. 105 ust. 1 pkt 1 PrBank). Za przykład instytucji spełniającej ten warunek można podać spółdzielcze kasy oszczędnościowo-kredytowe.

Ponadto banki mają prawo do tworzenia, wspólnie z bankowymi izbami gospodarczymi, instytucji upoważnionych do gromadzenia, przetwarzania i udostępniania informacji stanowiących tajemnicą bankową bankom i innym instytucjom ustawowo upoważnionym do udzielania kredytów. M. Krzysztofek zauważa, że pozyskiwanie informacji od tych podmiotów jest nieporównywanie efektywniejsze, niż zdobywanie ich bezpośrednio od banków. Scentralizowany, utworzony przez banki system tworzą obecnie: Biuro Informacji Kredytowej S.A. i Międzybankowa Informacja Gospodarcza – Bankowy Rejestr, w stosunku do której administratorem danych jest Związek Banków Polskich. Gromadzą i przetwarzają one dane zgodnie z art. 105 ust. 4 PrBank. Dane te udostępnane są w szczególności bankom, ale również biurom informacji gospodarczej działającym na podstawie ustawy z 14 lutego 2003 r. o udostępnianiu informacji gospodarczych[105] (art. 105 ust. 4a PrBank) oraz instytucjom finansowym będącym podmiotami zależnymi od banków (art. 105 ust. 4d PrBank). Natomiast nie mogą one udostępniać wiadomości objętych poufnością „podmiotom mającym swoją siedzibę za granicą Rzeczypospolitej Polskiej na terytorium jednego z państw członkowskich Unii Europejskiej" określonym w art. 4 ust. 1 pkt 17 PrBank, definiującym instytucję kredytową. Co więcej, M. Krzysztofek zwraca uwagę na zastosowanie w art. 105 ust. 4 oddmiennego zwrotu wyznaczającego zakres dostępu banków do tajemnicy bankowej, niż ma to miejsce w art. 105 ust. 1 pkt 1 PrBank. W pierwszym z tych

---

[104] M. Krzysztofek, Tajemnica..., op. cit., s. 98

[105] Ustawa z dnia 14 lutego 2003 r. o udostępnianiu informacji gospodarczych (Dz.U. Nr 50, poz. 424 ze zm.)

przypadków, czyli podstawie prawnej działania systemu przetwarzania danych mowa jest o „informacjach potrzebnych w związku z wykonywaniem czynności bankowych", natomiast w drugim ustawodawca posługuje się określeniem „informacji niezbędnych w związku z wykonywaniem czynności bankowych". W praktyce, ta różnica okazuje się, co prawda bez znaczenia, chociaż zdaniem autora, zastosowanie odmiennych sformułowań w tych korespondujących ze sobą przepisach oznacza, że dostęp banków do informacji pochodzących od innych banków jest większy za pośrednictwem np. Biura Informacji Kredytowej S.A.[106] Warto wspomnieć, iż prawo dopuszcza możliwość udostępniania przez banki biurom informacji gospodarczej danych o zobowiązaniach powstałych z tytułu umów związanych z wykonywaniem czynności bankowych. Taka dopuszczalność jest jednak uzależniona od zawarcia w umowach klauzul informujących o takiej możliwości.

Na koniec warto przybliżyć sam system informacji gospodarczej. W polskim ustawodawstwie nie przesądzono statusu organizacyjno-prawnego i formuły prawnej instytucji w polskim sektorze bankowym. Wybrano model odrębnego prawnie podmiotu działającego na podstawie Kodeksu spółek handlowych.[107]

Biuro Informacji Kredytowej S.A. (BIK SA) powołane zostało przez banki i Związek Banków Polskich w 1997 roku na mocy ustawy Prawo bankowe, a dokładnie art. 105 ust. 4, pozwalającego bankom wspólnie z bankowymi izbami gospodarczymi na utworzenie instytucji upoważnionej do gromadzenia, przetwarzania i udostępniania bankom informacji stanowiących tajemnicę bankową, w zakresie w jakim informacje te są potrzebne w związku z wykonywaniem czynności bankowych, a także innym instytucjom ustawowo upoważnionym do udzielania kredytów – informacji o wierzytelnościach oraz o obrotach i stanach rachunków bankowych w zakresie, w jakim informacje te są niezbędne w związku z udzielaniem kredytów, pożyczek pieniężnych, gwarancji bankowych i poręczeń. BIK

[106] M. Krzysztofek, Tajemnica..., op. cit., s. 100
[107] M.Bączyk, Prawo..., op.cit., s. 559

SA zastąpiło istniejący od 1992 r. bankowy rejestr klientów banków niewywiązujących się ze swoich zobowiązań (tzw. system danych negatywnych). Jest to podmiot o charakterze publicznym. Nawiązuje on do koncepcji działalności odpowiednich biur informacji kredytowych działających w innych państwach (np. Experian w USA i Wielkiej Brytanii, Schufa w Niemczech, Crif we Włoszech, BKR w Holandii).[108]

M. Bączyk podkreśla, że powołanie przez banki i bankową izbę gospodarczą odrębnej instytucji informacyjnej nie eliminuje w żaden sposób możliwości zwracania się przez banki o informację do innych banków, czyli tzw. system informacji bezpośredniej.[109]

Biuro Informacji Kredytowej działa na podstawie trzech ustaw: o ochronie danych osobowych, prawo bankowe oraz o udostępnianiu informacji gospodarczej. Zostało ono powołane dla potrzeb minimalizowania ryzyka kredytowego oraz zwiększenia bezpieczeństwa i ochrony obrotu pieniężnego. Informacje o kredytobiorcach opracowywane przez BIK S.A. mają dotyczyć tylko osób fizycznych. Biuro zarządza i rozbudowuje efektywny system wymiany informacji kredytowej poprzez gromadzenie, przechowywanie, przetwarzanie i dystrybucję kompleksowej informacji o historii kredytowej klientów banków i SKOK-ów w formie raportów kredytowych.[110] Na koniec 2009 roku Biuro Informacji Kredytowej miało podpisane umowy z 42 bankami komercyjnymi, 62 Spółdzielczymi Kasami Oszczędnościowo-Kredytowymi oraz 405 bankami spółdzielczymi.[111] Od momentu rozpoczęcia sprzedaży w 2001 roku do końca 2009 r., BIK udostępnił sektorowi bankowemu 98,7 miliona raportów. W grudniu 2009 r. baza danych BIK zawierała informacje o 63 mln rachunków kredytowych należących do ok. 23 mln osób.[112]

---

[108] M.Bączyk, Prawo..., op.cit., s. 560
[109] Wyrok NSA z 18 września 2003 r., II SA 2199/01, Lex Polonica
[110] Informacje za stroną internetową www.bik.pl
[111] M. Kuk, Banki chcą więcej danych z Biura Informacji Kredytowej, „Gazeta Prawna” z 8 stycznia 2009 r.
[112] Informacje za stroną internetową www.cigi.pl

2.4 UDZIELANIE PRZEZ BANK INFORMACJI OBJĘTYCH TAJEMNICĄ BANKOWĄ

Obowiązek zachowania tajemnicy bankowej jest jednym z podstawowych, powszechnie akceptowanych zwyczajów w bankowości. W praktyce posiadane przez banki informacje w szczególności te, które objęte są tajemnicą bankową są użyteczne, często wręcz niezbędne, dla organów ścigania, wymiaru sprawiedliwości, fiskusa, a także kontroli państwowej. Również inne osoby i instytucje starają się uzasadnić czy wykazać, swoje prawo dostępu do tego rodzaju informacji. Dlatego, jak zauważa B. Smykla, działalności bankowej towarzyszy ciągły konflikt pomiędzy, obciążającym banki, obowiązkiem ochrony informacji objętych tajemnicą bankową, a dążeniami różnych osób i instytucji do uchylenia lub co najmniej ograniczenia tej ochrony.[113] Zdaniem autora, tajemnica bankowa jest przyczyną wewnętrznego konfliktu postaw w samych bankach: z jednej strony banki zainteresowane ochroną informacji o swych klientach, z drugiej strony rygory tajemnicy bankowej niejednokrotnie oceniane są jako utrudniające prowadzenie działalności bankowej.

B. Smykla uważa, że regulacja tajemnicy bankowej w zakresie udzielania jej przez banki ma charakter kompletny. Przepisy tworzące tę regulację są przepisami szczególnymi w stosunku do przepisów innych aktów prawnych kreujących normy kompetencyjne do pozyskiwania informacji przez podmioty, określone w tych normach. Natomiast wyjątki od stosowania zasady pierwszeństwa przepisów regulujących tajemnicę bankową, jako przepisów szczególnych zostały wprost sformułowane w przepisach regulujących tę instytucję. Tym samym regulacja tajemnicy bankowej wyłącza przepisy określające kompetencje do pozyskiwania informacji przez podmioty nie objęte tą regulacją. Podmioty nie upoważnione wprost w przywołanych wyżej przepisach ustawy Prawo bankowe, co do zasady, nie mają

113 B. Smykla, „Dostęp prokuratora do informacji chronionych tajemnicą bankową", Prokurator 2-3 (22-23) / 2005

więc dostępu do tajemnicy bankowej na podstawie norm kompetencyjnych zawartych w innych ustawach.

Z powyższego wynika fakt, iż przestrzeganie tajemnicy bankowej nie jest wartością o charakterze absolutnym. Przemawia za tym, co prawda nie tylko prywatny interes stron stosunków bankowych czy interes publiczny, ale czasami właśnie to szeroko pojęty interes publiczny uzasadnia ograniczenie tajemnicy bankowej. A. Janiak w książce „Przywileje bankowe w prawie polskim" wyjaśnia, że dotyczy to „zwłaszcza sytuacji, gdy tajemnica bankowa miałaby sprzyjać niepłaceniu podatków lub być wykorzystywana jako parawan dla działalności przestępczej, pozwalając na przykład na >>pranie<< pieniędzy pochodzących z nielegalnych źródeł". Autor zwraca również uwagę na rosnący problem przestępczości zorganizowanej, która zmusza organy państwowe do ograniczania tajemnicy bankowej poprzez zapewnienie im dostępu do informacji o klientach banków i ich transakcjach.

Wprowadzenie takich ograniczeń w większości państw spowodowały względy fiskalne, tj. umożliwienie organom podatkowym uzyskiwanie informacji objętych tajemnicą bankową. Do wyjątków należą Austria, Luksemburg, Lichtenstein, San Marino a także omawiana w dalszej części pracy Szwajcaria, gdzie prawo chroni tajemnicę bankową nawet przed organami podatkowymi.

Prawo polskie przewiduje w tym względzie szeroki katalog podmiotów, którym udziela informacji objętych tajemnicą bankową. Regulacja w tym zakresie znajduje się w art. 105 PrBank. Warto w tym miejscu podkreślić, iż cały zbiór wyłączeń, obejmujący art. 104 i 105 PrBank stanowi katalog zamknięty.[114]

Zamieszczona na następnej stronie tabela pokazuje o ile zwiększyła się grupa podmiotów, które mogą żądać od banku ujawninia danych objętych tajemnicą bankową. Pierwotnie było to tylko 10 podmiotów, obecnie liczba ich wzrosła do 34

[114] Uchwała siedmiu sędziów Sądu Najwyższego z dnia 12 stycznia 1988 r., III CZP 59/87

(stan na 31 grudnia 2009 r.). Zdaniem M. Krzysztofka lista ta jest zbyt obszerna, przez co uzasadnia tezę o iluzoryczności tajemnicy bankowej. Niepokoi tenedencja do zwiększania listy organów uprawnionych do dostępu do informacji stanowiących tajemnicę bankową. Od 1998 roku liczba ta wzrosła bowiem ponad trzykrotnie (tabela nr 1). Autor obawia się, że rozszerzenie to jest nadmierne, zważywszy że tak duży przyrost nastąpił w okresie, w którym nie zaszły zmiany o charakterze ustrojowym. Dodaje, iż wzrost ten należy w rzeczywistości ocenić jako większy, ponieważ w przypadku niektórych organów zwiększył się zakres dotychczasowego dostępu.[115]

[115] M. Krzysztofek, Tajemnica..., op. cit., s. 298-301

Tabela nr 1[116]

Podmioty i organy wskazane w przepisach art. 105, 106a i 106b PrBank, uprawnione do żądania od banku udzielenia informacji stanowiących tajemnicę bankową	
Według stanu na 1 stycznia 1998 r. – tekst pierwotny	**Według stanu na 31 grudnia 2009 r.**
• inne banki	• inne banki • instytucje kredytowe • inne instytucje ustawowo upoważnione do udzielania kredytów • instytucje finansowe
• osoby poważnione uchwałą Komisji Nadzoru Bankowego oraz inspektorzy nadzoru bankowego • Przewodniczący Komisji Papierów Wartościowych i Giełd • Urząd Nadzoru nad Funduszami Emerytalnymi	• Komisja Nadzoru Finansowego, pracownicy Urzędu Komisji Nadzoru Finansowego, osoby upoważnione uchwała Komisji Nadzoru Finansowego • właściwa władza nadzorcza, z którą Komisja Nadzoru Finansowego ma porozumienie
• sąd	• sąd
• prokurator	• prokurator
• Prezes Głównego Urzędu Ceł	• Organy Służby Celnej
• Prezes Najwyższej Izby Kontroli	• Prezes Najwyższej Izby Kontroli
• Prezes Zarządu Bankowego Funduszu Gwarancyjnego	• Prezes Zarządu Bankowego Funduszu Gwarancyjnego
• biegły rewident	• biegły rewident
• organy podatkowe • organy kontroli skarbowej	• organy podatkowe • organy kontroli skarbowej
	• służby ochrona państwa • Agencja Wywiadu • Centralne Biuro Antykorupcyjne • Policja

116 M. Krzysztofek, Tajemnica bankowa i ochrona danych osobowych w praktyce bankowej, Warszawa 2010, s. 298-300

	• Żandarmeria Wojskowa • Straż Graniczna • Straż Więzienna
	• komornik sądowy
	• wydawcy elektronicznych instrumentów płatniczych niebędący bankami
	• Generalny Inspektor Ochrony Danych Osobowych
	• koordynator wykonujący nadzór uzupełniający nad konglomeratem finansowym
	• Prezes Urzędu Ochorny Konkurencji i Konsumentów
	• Organy uprawnione do prowadzenia postępowania przygotowawczego w sprawach o przestępstwa lub czynności wyjaśniące w sprawach o wykroczenia drogowe
	• Narodowy Bank Polski
	• Generalny Inspektor Informacji Finansowej
	• powiernik i jego zastępca w rozumieniu ustawy o listach zastawnych i bankach hipotecznych
	• Zakład Ubezpieczeń Społecznych oraz inne organy wypłacające świadczenia z ubezpieczenia społecznego lub zaopatrzenia emerytalnego albo uposażenia w stanie spoczynku
Suma: 10	Suma: 34

Art. 105 ust. 1 PrBank stanowi wyjątek od ogólnej zasady w myśl której bank nie może udzielać osobom trzecim żadnych informacji stanowiących tajemnicę bankową. Natomiast jak zauważa L. Mazur, ustawodawca, kierując się ochroną wyższych wartości wyliczył w tym przepisie, komu i na czyje żądanie bank może takich dyskrecjonalnych informacji udzielić. Wyliczenie to ma charater enumeratywny (stanowi katalog zamknięty o czym wspomniałem wcześniej), i nie może być interpretowane rozszerzająco.

L. Mazur w swoim Komentarzu podkreśla, iż opisane powyżej upoważnienie nie zostało jednak skonstruowane w sposób dowolny. Każdy podmiot, któremu prawodawca przyznał takie uprawnienie, może otrzymać konfidencjonalne informacje w określonym zakresie, respektując zasadę niezbędności powyższych informacji dla możliwości wykonywania ustrojowej działalności przez dane podmioty. W związku z tym, ustawodawca w każdym przypadku w ust. 1 przewidział stosowne ograniczenia, warunkujące możliwość uzyskania informacji. Ograniczenia te mogą dotyczyć np. toczącego się postępowania karnego czy konieczności właściwego realizowania nadzoru skonsolidowanego itp.[117] Ponadto podmioty uprawnione do otrzymania informacji objętych tajemnicą bankowa zostały zobowiązane do wykorzystania ich wyłączenie w granicach upoważnienia określonego w ust. 1.

Dokonując prawnej charakterystyki art. 105 PrBank, B. Smykla zwraca na wstępie uwagę, że literalne brzmienie tego przepisu nie odnosi się do ujawniania tajemnicy przez osoby zatrudnione w banku i osoby, za pośrednictwem których bank wykonuje czynności bankowe. Tym samym – jego zdaniem – ujawnienie tajemnicy bankowej przez te osoby, będące wynikiem ich działań własnych (działań niepodejmowanych przez bank) pozostaje poza regulacją art. 105.[118]

---

[117] L. Mazur, Prawo..., op.cit. s. 611
[118] B. Smykla, Prawo..., op.cit., s. 356

Przewidziane w art. 105 PrBank ujawnienie przez bank tajemnicy bankowej może mieć dwie podstawowe formy. Wyróżnia się po pierwsze, ujawnienie przez bank tajemnicy bankowej na żądanie uprawnionej osoby lub instytucji, której bank ma obowiązek udzielania informacji (mówi o tym ust. 1 i ust. 2a). Po drugie, bank może udzielić informacji instytucjom określonym w ust. 4 i 4b (chodzi tutaj m.in. o Biura Informacji Kredytowej). Na banku ciąży ustawowy obowiązek udzielenia informacji konfidencjonalnych upoważnionym podmiotom, określonym w art. 105. Zwracający się o informację podmiot powinien wskazać tytuł prawny żądania stosownych informacji (określa on możliwy zasięg informacji).

Informacje konfidencjonalne bank przekazuje uprawnionym podmiotom zawsze poufnie. Ustawodawca co prawda nie reguluje sposobu przekazywania takich informacji, ale tryb poufny wynika z samej istoty tego obowiązku.[119]

Z postanowień art. 104 ust. 3 PrBank oraz oraz art. 105 ust. 3-6 PrBank z uwzględnieniem art. 171 ust. 5 PrBank, B. Smykla wyprowadza kilka podstawowych zasad dostępu do tajemnicy bankowej.

Po pierwsze, banki, osoby w nich zatrudnione oraz osoby za pośrednictwem których bank wykonuje czynności bankowe obowiązane są zchwać w tajemnicy wiadomości określone w art. 104 ust.1 PrBank.

Po drugie, tajemnica bankowa nie obowiązuje w stosunku do osoby, której dotyczą informacje objęte tą tajemnicą. Wiadomości objęte tajemnicą mogą być ujawnione innym osobm i instytucjom tylko na podstawie upoważnienia udzielonego bankowi przez stronę umowy lub z mocy ustawy.

Osoby i instytucje upoważnione do dostępu do tajemnicy bankowej na podstawie art. 105 ust. 1 mogą je wykorzystać wyłącznie w granicach określonego w tym przepisie upoważnienia do żądania udzielenia informacji stanowiących tajemnicę bankową.

[119] M.Bączyk, Prawo..., op.cit., s. 553

Po wtóre ujawnienie informacji stanowiących tajemnicę bankowa niezgodnie z upoważnieniem ustawowym skutkuje odpowiedzialnością karną z art. 171 ust. 5, natomiast bank nie ponosi odpowiedzialności za szkody wynikające z ujawnienia tajemnicy bankowej i wykorzystania jej niezgodnie z przeznaczeniem przez osoby i instytucje upoważnione przez ustawę do żądania od banków udzielnia informacji stanowiących tajemnicę bankową.[120]

Warto dodać, że art. 110 PrBank dopuszcza możliwość pobierania przez banki opłat za przygotowanie, sporządzenie i przekazywanie informacji stanowiących tajemnicę bankową.[121]

[120] B. Smykla, Prawo…, op.cit., s. 355
[121] M.Bączyk, Prawo…, op.cit., s. 562

2.4.1. *Przekazywane za granicę danych osobowych objętych tajemnicą bankową*

Zarówno ustawa o ochronie danych osobowych, jak i ustawa Prawo bankowe ograniczają przekazywanie danych osobowych za granicę, chodzi tutaj o tzw. państwa trzecie.

Przepis art. 7 pkt 7 pierwszej z wymienionych ustaw, przez pojęcie „państwo trzecie" rozumie „państwo nienależące do Europejskiego Obszaru Gospodarczego".

Na skutek implementacji przez Polskę Dyrektywy Parlamentu Europejskiego i Rady z 24 października 1995 r.[122] zniesiono ograniczenia w przekazywaniu danych osobowych do państw należących do Europejskiego Obszaru Gospodarczego[123]. Oznacza to, iż przekazywanie danych osobowych na tym terytorium polega takim zasadom, jak przekazywanie ich na terytorium Polski.

Jeśli chodzi o prawo bankowe, to podstawę prawną w zakresie przekazywania danych osobowych objętych tajemnicą stanowią przepisy: art. 6d PrBank (stosowanie przez bank outsourcingu), art. 105 ust. 1 pkt 1 i pkt 1b PrBank, art. 105 ust 1 pkt 2 lit. q PrBank oraz art. 104 ust. 3 PrBank (pisemne upoważnienie udzielone bankowi przez osobę, której dotyczą informacje objęte tajemnicą).

Zdaniem M. Krzysztofka do obligatoryjnych podstaw przekazania za granicę danych osobowych stanowiących tajemnicę bankową nie należy art. 105 ust. 1 pkt 2 lit c PrBank, ponieważ przepis ten „formułuje obowiązek udzielenia przez bank informacji nie bezpośrednio za granicę, lecz na żadanie sądu lub prokuratora w związku z wykonaniem wniosku o udzielenie pomocy prawnej, pochodzącego z państwa obcego, które na mocy ratyfikowanej umowy międzynarodowej wiążącej

[122] Dyrektywa 95/46/WE Parlamentu Europejskiego i Rady z dn. 24 października 1995 r. w sprawie ochrony osób fizycznych w zakresie przetwarzania danych osobowych i swobodnego przepływu tych danych

[123] Europejski Obszar Gospodarczy, EOG (ang. European Economic Area, EEA) – jest to strefa wolnego handlu i wspólnego rynku obejmująca kraje Unii Europejskiej i Europejskiego Stowarzyszenia Wolnego Handlu (EFTA) z wyjątkiem Szwajcarii. Europejski Obszar Gospodarczy opiera się na czterech fundamentalnych wolnościach: swobodzie przepływu ludzi, kapitału, towarów i usług.

Rzeczpospolitą Polską ma prawo występować o udzielnie informacji objętych tajemnicą bankową".[124]

Bank ma prawo przekazywania za granicę danych objętych poufnością stosując outsourcing spełniający warunki określone w art. 6d PrBank. Podstawę tę daje art. 104 ust. 2 pkt 2 PrBank, który wyłącza obowiązek zachowania tajemnicy bankowej w tych przypadkach, gdy informacje nią objęte są ujawniane przedsiębiorcom zagranicznym, którym bank powierzył wykonywanie, stale lub okresowo, czynności związanych z wykonywaniem działalności bankowej. Zakres ich udostępniania wyznacza ich niezbędność do należytego wykonywania powierzonych czynności.

M. Krzysztofek stawia tezę, iż w przypadku zamiaru zawarcia umowy outsourcingowej z podmiotem zagranicznym niemającym stałego miejsca zamieszkania lub nieposiadającym siedziby na terytorium państwa członkowskiego Europejskiego Obszaru Gospodarczego, bank będący administratorem danych nie bada, czy państwo docelowe jest państwem trzecim w rozumieniu ustawy o ochronie danych osobowych. W takich przypadkach, bank ogranicza się do wystąpienia do Komisji Nadzoru Finansowego z wnioskiem o udzielenie zezwolenia na zawarcie umowy outsourcingowej z insourcerem zagranicznym. Autor tłumaczy, bowiem, iż „nałożenie na bank będący administratorem danych obowiazku badania stopnia ochrony danych w państwie docelowym mogłoby powodować, że w przypadku dokonania przez bank błędnej oceny gwarancji ochrony danych osobowych oraz udzielenia przez Komisję Nadzoru Finansowego zezwolenia na zawarcie przez bank umowy outsourcingowej powstałaby kolizja między dopuszczalnością przekazania danych osobowych za granicę na podstawie zezwolenia Komisji i niedopuszczalnością ich przekazania wobec braku adekwatnych gwarancji ochrony danych osobowym w państwie docelowym"[125]. Taka kolizja zdaniem M. Krzysztofka byłaby sprzeczna z zasadą zaufania obywateli do państwa.

---

[124] M. Krzysztofek, Tajemnica..., op. cit., s. 81
[125] M. Krzysztofek, Tajemnica..., op. cit., s. 82-83

Z kolei art. 105 ust. 1 pkt 1 i 1b PrBank nakładają na bank obowiązek udzielenia informacji stanowiących tajemnicę bankową innym bankom i instytucjom kredytowym. Oznacza to, że podmiotami uprawnionymi do żądania od banku krajowego udzielenia informacji są instytucje kredytowe, do których należą także banki z siedzibą za granicą. Takie rozumienie wynika z definicji instytucji kredytowej określonej w art. 4 ust. 1 pkt 17 PrBank. Omawiany przepis stanowi, iż instytucją kredytową jest „podmiot mający swoją siedzibę za granicą Rzeczypospolitej Polskiej na terytorium jednego z państw członkowskich Unii Europejskiej (...) prowadzący we własnym imieniu i na własny rachunek, na podstawie zezwolenia właściwych władz nadzorczych, działalność polegającą na przyjmowaniu depozytów lub innych środków powierzonych pod jakimkolwiek tytułem zwrotnym iudzielaniu kredytów lub na wydawaniu pieniądza elektronicznego". Warto dodać, że zakres cytowanego przepisu nie obejmuje podmiotów spoza Unii Europejskiej. Należy również pamiętać, że przepis art. 105 ust. 1 pkt 1 PrBank ogranicza obowiązek udzielenia informacji objętych tajemnicą bankową innym bankom i instytucjom do zakresu, w jakim informacje te są niezbędne do wykonywania czynności bankowych. Oceny „niezbędności" dokonuje sam bank, jako dysponent informacji stanowiących tajemnicę bankową.

Art. 105 ust. 1 pkt 2 lit. q PrBank formułuje obowiązek udzielenia przez bank informacji stanowiących tajemnicę bankową na żądanie właściwej władzy nadzorczej, z którą Komisja Nadzoru Finansowego zawarła porozumienie na podstawie art. 131 ust. 2 lub art. 141f ust. 3 PrBank, w związku z wykonywaniem przez tę władzę nadzoru skonsolidowanego.[126]

[126] M. Krzysztofek, Tajemnica..., op. cit., s. 85

2.4.2. Udzielenie przez bank informacji objętch tajemnicą bankową Komisji Nadzoru Finansowego

Komisja Nadzoru Finansowego, a także pracownicy Urzędu Komisji Nadzoru Finansowego oraz osoby upoważnione uchwałą Komisji Nadzoru Finansowego są podmiotami uprawnionymi do uzyskania od banku na żądanie informacji objętych tajemnicą bankową. Uprawnienie to wynika z art. 105 ust. 1 pkt 2 lit. a PrBank.

Podstawą uprawnienia KNF jest ustawa Prawo bankowe oraz ustawa z dnia 21 lipca 2006 r. o nadzorze nad rynkiem finansowym.[127] Uprawnieniu nadzoru finansowego odpowiada określony w art. 139 ust. 1 pkt 2 PrBank obowiązek banków oraz oddziałów i przedstawicielstw banków zagranicznych w kraju umożliwienia upoważnionym osobom wykonywania czynności określonych w art. 133 ust. 2 PrBank. Ustawodawca wskazuje w tym przepisie, że szczególnie chodzi tutaj o: wgląd w księgi, bilanse, rejestry, plany, sprawozdania i inne dokumenty oraz umożliwienie, na pisemne żądanie, sporządzenie kopii tych dokumentów i innych nośników informacji, jak również udzielanie wyjaśnień żądanych przez te osoby.

Bank, jego oddział albo przedstawicielstwo banku zagranicznego w kraju, nie jest władne, aby decydować, iż tylko wybrane informacje podlegają udzieleniu na żądanie nadzoru finansowego, a jest zobowiązany do udzielenia informacji odnoszących się do całej swojej działalności. Takie stanowisko wypracował Departament Prawny Narodowego Banku Polskiego, który przedstawił je w piśmie z 12 marca 1998 r.[128], podkreślając, iż udostępnienie wszystkich żądanych informacji, jest konieczne, ponieważ w ocenie NBP, każda działalność banku prowadzona nieprawidłowo lub z naruszeniem przepisów prawa może stwarzać zagrożenie dla jego bezpieczeństwa.

---

[127] Ustawa z dnia 21 lipca 2006 r. o nadzorze nad rynkiem finansowym (Dz. U. Nr 157, poz. 1119)
[128] Pismo z 12 marca 1998 r., nr DP ZRP 20-42-315/98, „Glosa" 1998, nr 11, s. 26

Jak zauważa M. Krzysztofek zakres dostępu osób upoważnionych uchwałą Komisji Nadzoru Finansowego podlega określeniu w tym upoważnieniu, i nie może wykraczać poza zakres nadzoru sprawowanego przez Komisję.[129]

[129] M. Krzysztofek, Tajemnica..., op. cit., s. 119

2.4.3. *Udzielenie przez bank informacji objętch tajemnicą bankową sądowi oraz prokuratorowi*

Sąd lub prokurator może uzyskać informacje stanowiące tajemnicę bankową: dotyczące osoby fizycznej w związku z toczącym się postępowaniem o przestępstwo lub przestępstwo skarbowe przeciwko tej osobie fizycznej, będącej stroną umowy zawartej z bankiem; dotyczące osoby prawnej lub jednostki nie mającej osobowości prawnej w związku z toczącym się postępowaniem o przestępstwo lub przestępstwo skarbowe popełnione w związku z działaniem tej osoby prawnej lub jednostki; w związku z wykonaniem wniosku o udzielenie pomocy prawnej, pochodzącego od państwa obcego, które na mocy ratyfikowanej umowy międzynarodowej wiążącej Rzeczpospolitą Polską ma prawo występować o udzielenie informacji objętych tajemnicą bankową; oraz w związku z prowadzonym postępowaniem spadkowym lub o podział majątku między małżonkami albo prowadzoną przeciwko osobie fizycznej będącej stroną umowy sprawą o alimenty lub o rentę o charakterze alimentacyjnym.

M. Krzysztofek stwierdza, iż w zakresie określonym w art. 105 ust. 1 pkt 2 lit b PrBank, uprawnienia sądu i prokuratora do dostępu do informacji objętych tajemnicą bankową się nie różnią.[130]

Autor wskazuje trzy warunki, których spełnienie jest wymagane do wystąpienia przez sąd lub prokuratora do udzielenia informacji objętych tajemnicą bankową. Po pierwsze, postępowanie o przestępstwo lub o przestępstwo skarbowe musi toczyć się w chwili wystąpienia z żądaniem udzielenia informacji. Drugi wymóg stanowi, aby postępowanie znajdowało się w fazie ad personam, tj. przeciwko konkretnej osobie. Udzielenie informacji przez bank na etapie in rem (postępowania w sprawie) jest niedopuszczalne. Trzecim, a zarazem ostatnim warunkiem jest, aby osoba fizyczna, przeciwko której toczy się postępowanie, była stroną umowy zawartej z bankiem. W tym miejscu należy dodać, że w art. 105 ust. 1

[130] M. Krzysztofek, Tajemnica..., op. cit., s. 130

pkt 2 lit. b PrBank uprawnienia sądu i prokuratora dotyczą wyłącznie osoby fizycznej przeciwko której toczy się postępowanie, natomiast organy te, nie mogą domagać się danych dotyczących pokrzywdzonego.

Ponadto niezbędną przesłanką do tego, aby organy mogły wystąpić do banku z żądaniem udzielenia informacji objętych tajemnicą bankową, jest wymóg, aby z materiałów dotyczących postępowania wynikało, że żądane informacje mają lub mogą mieć istotne znaczenia dla wyniku postępowania. J. Byrski podkreśla natomiast, że przepis art. 105 ust. 1 pkt 2 lit. b przyznając sądowi i prokuratorowi prawo do dostępu do „informacji dotyczących osoby fizycznej", nie ogranicza zakresu danych osoby fizycznej podlegających udostępnieniu przez bank.[131]

Należy zwrócić uwagę, iż uprawnienie sądu i prokuratura do żądania informacji objętych tajemnicę bankową dotyczącą osób prawnych lub jednostek organizacyjnych nieposiadających osobowości prawnej, odnosi się również do informacji konfidencjonalnych o osobie fizycznej, która popełniła przestępstwo lub przestępstwo skarbowe w związku z działaniem osoby prawnej lub jednostki organizacyjnej. Chodzi tutaj np. o osoby reprezentujące spółkę handlową. Bank w odpowiedzi na żądanie, musi zawrzeć informacje o osobie lub osobach fizycznych, które, działając w imieniu lub w interesie tej osoby prawnej lub jednostki organizacyjnej, popełniły przestępstwo w związku z jej działaniem.[132]

Uprawnienia prokuratora odnośnie danych objętych tajemnicą bankową zostały rozszerzone w art. 106a – 106c PrBank. Chodzi o następujące przypadki: udzielenie informacji przez bank, który powiadomił prokuratora o popełnieniu przestępstwa innego niż określone w art. 299 KK (art. 106a), pozyskiwanie z banku informacji przez prokuratora prowadzącego postępowanie w przypadkach innych niż sprecyzowane w art. 105 ust. 1 pkt 2 lit b i c (art. 106b), oraz– udzielenie

---

[131] J. Byrski, „Zakres oraz zasady udzielania przez bank uprawnionym organom informacji stanowiących tajemnicę bankową na tle proponowanych zmina w Prawie bankowym", „Prawo bankowe", 2007, nr 11, s. 85

[132] M. Krzysztofek, Tajemnica…, op. cit., s. 134

prokuratorowi informacji z „drugiej ręki”, tzn. przez podmiot, któremu bank udzielił tych informacji (art. 106 c).[133]

Zgodnie art. 106a PrBank, w razie zaistnienia uzasadnionego podejrzenia, że działalność banku jest wykorzystywana w celu ukrycia działań przestępczych lub dla celów mających związek z przestępstwem skarbowym lub innym przestępstwem niż przestępstwo, o którym mowa w art. 165a lub art. 299 Kodeksu karnego - bank zawiadamia o tym prokuratora, Policję albo inny właściwy organ uprawniony do prowadzenia postępowania przygotowawczego Prokurator, który otrzyma takie zawiadomienie, może żądać uzupełnienia informacji, także w toku czynności podejmowanych na podstawie art. 307 Kodeksu postępowania karnego, co rozszerza dostęp prokuratora do informacji na etap postępowania przygotowawczego. M. Rusinek wskazuje, iż nałożony na banki obowiązek denuncjacji dotyczy wszelkich przestępstw z wyłączeniem prania brudnych pieniędzy i aktów teroryzmu – tryb postępowania w takich wypadkach określa ujstawa z 16 listopada 2000 r. o przeciwdziałaniu wprowadzania do obrotu finansowego wartości majątkowych pochodzących z nielegalnych lub nieujawnionych źródeł oraz o przeciwdziałaniu finansowaniu terroryzmu.[134] Warto dodać, iż przepis art. 106a PrBank w ust. 3-10 wskazuje tryb dokonywania blokady środków na rachunku bankowym w przypadku powzięcia przez bank uzasadnionego podejrzenia, że zgromadzone na rachunku środku w całości lub w części pochodzą lub mają związek z przestępstwem innym niż finansowanie terroryzmu lub pranie pieniędzy. Blokada może nastąpić wyłącznie do wysokości zgromadzonych na rachunku środków, co do których zachodzi takie podejrzenie, i nie może trwać dłużej niż 72 godziny. O dokonaniu blokady bank zawiadamia prokuratora.

W myśl art. 106b PrBank poza przypadkami określonymi w art. 105 PrBank i w sytuacjach, w których to bank zawiadamia o przestępstwie, prokurator prowadzący

[133] B. Smykla, „Dostęp…”, op. cit., s. 34
[134] M. Rusinek [w:] F. Zoll „Prawo bankowe. Komentarz”, Zakamycze 2005 s. 267

postępowanie o przestępstwo lub przestępstwo skarbowe może żądać od banku, osób zatrudnionych w banku oraz osób za pośrednictwem których bank wykonuje czynności bankowe udzielenia informacji stanowiących tajemnicę bankową jedynie na podstawie postanowienia wydanego na jego wniosek przez właściwy miejscowo sąd okręgowy. Po rozpatrzeniu wniosku sąd, w drodze postanowienia, wyraża zgodę na udostępnienie informacji, określając ich rodzaj i zakres, osobę lub jednostkę organizacyjną, których będą dotyczyć oraz podmiot zobowiązany do ich udostępnienia albo odmawia udzielenia zgody na udostępnienie informacji. Na postanowienie sądu przysługuje zażalenie prokuratorowi, wnioskującemu o wydanie postanowienia. Uprawniony przez sąd prokurator pisemnie informuje podmiot zobowiązany do udostępnienia informacji (czyli bank, osoby zatrudnione w banku lub osoby za pośrednictwem których bank wykonuje czynności bankowe) o treści postanowienia sądu, osobie lub jednostce, której mają dotyczyć informacje, rodzaju i zakresie tych informacji.[135] Regulacja art. 106b PrBank stanowi lex specialis względem unormowań dotyczących ochrony zawodowej w procesie karnym, zwartych w przepisie art. 180 Kodeksu postępowania karnego.[136]

Na podstawie art. 106c, prokurator prowadzący postępowanie może na podstawie postanowienia wydanego na jego wniosek przez właściwy miejscowo sąd okręgowy żądać udzielenia informacji stanowiących tajemnicę bankową od podmiotów, którym bank ujawnił informacje stanowiące tajemnicę bankową. Zdaniem M. Rusinka, założeniem tego unormowania jest, umożliwienie prokuratorowi zdobycia niezbędnych informacji w sytuacji, gdy uzyskani ich od banku napotyka trudności. Ponadto, jak zauważa autor, uzyskanie potrzebnych informacji z kilku różnych źródeł pozwoli prokuratorowi lepiej ocenić zawarte w nich dane. Do wydania postanowienia w tego typu sprawach stosuje przepisy dotyczące postanowień zobowiązujących do udzielenia informacji przez bank, osoby

[135] B. Smykla, „Dostęp...", op. cit., s. 36-38
[136] M. Rusinek, „Prawo...", op. cit., s. 272

zatrudnione w banku i osoby za pośrednictwem których bank wykonuje czynności bankowe. Wśród podmiotów, o których mowa w omawianym przepisie, znajdują się przede wszystkim różnego rodzaju instytucje finansowe oraz organy państwowe, w szczególności kontroli i wymiaru sprawiedliwości.

Zaznaczmy, iż przy udzielaniu tajemnicy bankowej w zakresie art. 106a – 106 c udział sądu ogranicza się jedynie do wydania na wniosek prokuratora postanowienia o zgodzie lub o odmowie udzielenia zgody na udostępnienie mu informacji przez bank.

2.4.4. *UDZIELENIE PRZEZ BANK INFORMACJI OBJĘTCH TAJEMNICĄ BANKOWĄ GENERALNEMU INSEPKTOROWI KONTROLI SKARBOWEJ*

Dostęp Generalnego Inspektora Kontroli Skarbowej do danych objętych tajemnicą bankową jest zróżnicowany w zależności od tego, czy sprawa karna lub karna skarbowa, będąca przesłanką uprawnienia do uzyskania informacji od banku, toczy się przeciwko osobie fiznczej będącej stroną umowy zawartej z bankiem czy o przestępstwo popełnione w zakresie działalności osoby prawnej lub jednostki organizacyjnej, która jest posiadaczem rachunku.

Rozwiązanie prawne – konstrukcja przepisu, warunki dostępu do informacji i jego zakres – przyjęte w tym przypadku, są analogiczne do art. 105 ust. 1 pkt 2 lit. b PrBank, który stanowią podstawę żądania od banku informacji przez sąd i prokuratora.

Występują trzy obligatoryjne warunki do udzielenie Generalnemu Inspektorowi Kontroli Skarbowej informacji stanowiących tajemnicę bankową. Po pierwsze, aby sprawa karna lub karna skarbowa toczyła się w chwili jego wystąpienia z żądaniem udzielenie informacji. Po drugie, aby sprawa karna lub karna skarbowa była w fazie ad personam (przeciwko osobie), i aby osoba fizyczna, przeciwko której toczy się sprawa karna lub karna skarbowa była stroną umowy zawartej z bankiem.

2.4.5. Udzielenie przez bank informacji objętch tajemnicą bankową Prezesowi Najwyższej Izby Kontroli

Z żądaniem o udzielenie informacji objętych tajemnicą bankową może wystąpić Prezes Najwyżej Izby Kontroli. Uprawnienie to wynika z art. 105 ust. 1 pkt 2 lit. f PrBank.

Przepis ten ogranicza jednak obowiązek udostępnienia danych konfidencjonalnych do zakresu niezbędnego do przeprowadzenia postępowania kontrolnego określonego w ustawie z 23 grunia 1994 r. o Najwyżej Izbie Kontroli.[137] M. Krzysztofek z powyższego faktu wyprowadza wniosek, iż „skoro obowiązek banków został ograniczony do zakresu niezbędnego do przeprowadzenia postępowania kontrolnego, należy wykluczyć dostęp Prezesa Najwyższej Izby Kontroli do informacji konfidencjonalnych o podmiotach, które nie podlegają kompetencjom kontrolnym Izby".[138] Katalog podmiotów, których dane stanowiące tajemnicę bankową podlegają obligatoryjnemu przekazaniu przez bank Prezesowi Najwyższej Izby Kontroli został określony w art. 2 ustawy o NIK. Wskazuje on na następujące podmioty: organy administracji rządowej, Narodowego Banku Polskiego, państwowych osób prawnych i innych państwowych jednostek organizacyjnych (ust. 1); organów samorządu terytorialnego, samorządowych osób prawnych i innych samorządowych jednostek organizacyjnych (ust. 2); innych jednostek organizacyjnych i podmiotów gospodarczych (przedsiębiorców) w zakresie, w jakim wykorzystują one majątek lub środki państwowe lub komunalne oraz wywiązują się z zobowiązań finansowych na rzecz państwa (ust. 3).

M. Krzysztofek podkreśla, iż podstawową przesłanką dostępu do danych stanowiących tajemnicę bankową jest, aby informacje te były niezbędne do przeprowadzenia postępowania kontrolnego. Autor zwraca uwagę, iż jest to pojęcie

---

137 Ustawa z 23 grudnia 1994 r. o najwyżej Izbie Kontroli, tekst jedn. Dz.U. z 2007 r. Nr 231, poz 1701 ze zm.

138 M. Krzysztofek, Tajemnica..., op. cit., s. 149

nieostre, i ustalenie granic uprawnienia Prezesa Izby wyamaga indywidualnej oceny w każdym konkretnym przypadku. Ponadto, art. 105 ust. 1 pkt 2 lit. f PrBank nie precyzuje czy przesłanką udostępnienia danych Prezesowi NIK jest toczące się postępowanie kontrolne, czy może sam zamiar jego wszczęcia, albo wręcz przewidywanie, że kontrola może być prowadzona w przyszłości.

Prawu Prezesa Najwyższej Izby Kontroli do otrzymania danych z banku, towarzyszy obowiązek uwzględniania przepisów o tajemnicy ustawowo chronionej. Dodatkowo, zgodnie z art. 44 ust. 3 ustawy o NIK osoba obowiązana do zachowania tajemnicy ustawowo chronionej, innej niż tajemnica służbowa i państwowa, może być przesłuchana w charakterze świadka co do okoliczności, których dotyczy ten obowiązek, tylko po zwolnieniu od obowiązku zachowania tajemnicy, udzielonym na piśmie przez Prezesa Najwyższej Izby Kontroli, jeżeli przepisy odrębnych ustaw przewidują dostęp Najwyższej Izby Kontroli do takiej tajemnicy. Z cytowanego powyżej przepisu wynika, iż zwolnieniu przez Prezesa Najwyższej Izby Kontroli od obowiązku zachowania tajemnicy bankowej musi towarzyszyć spełnienie warunków dostępu do Izby do informacji określonych w art. 105 ust. 1 pkt 2 lit. f PrBank i w ustawie o Najwyższej Izbie Kontroli.[139]

139 M. Krzysztofek, Tajemnica..., op. cit., s. 151

2.4.6. *Udzielenie przez bank informacji objętch tajemnicą bankową biegłemu rewidentowi*

Do katalogu podmiotów (osób), które posiadają uprawnienie do żądania udostępnienia danych konfidencjonalnych, ustawodawca wpisał biegłych rewidentów, czyli osoby uprawnione do badania sprawozdań finansowych banku na podstawie zawartej z bankiem umowy.

Co prawda przepis art. 105 ust.1 pkt 2 lit. i PrBank, który formułuje uprawnienie biegłych rewidentów, nie wskazuje zakresu informacji konfidencjonalnych podlegających przekazaniu, ani warunków wystąpienia z żądaniem, to zakres i warunki zawierają inne przepisy Prawa bankowego oraz przepisy ustawy z 29 września 1994 r. o rachunkowości.[140]

Podstawy prawne, na których biegły rewident, może oprzeć swoje żądanie udzielenia mu przez bank informacji objętych tajemnicą bankową, różnią się w zależności od tego, czy badanie jest prowadzona na podstawie zawartej z bankiem umowy czy zlecenia udzielonego przez Komisję Nadzoru Finansowego (takiego zlecenia KNF może udzielić w przypadku stwierdzenia nieprawidłowości w audycie przeprowadzonym na zlecenie banku). W pierwszym z wymienionych przypadków, uprawnienie biegłego rewidenta wynika z art. 105 ust. 1 pkt 2 lit. i PrBank, natomiast w drugim, zgodnie z art. 136 ust. 2 PrBank, stosuje się odpowiednio przepisy dotyczące pracowników nadzoru bankowego.

W przypadku biegłego rewidenta upoważnionego do badania sprawozdań finansowych banku na podstawie zawartej z bankiem umowy, ustawa nie określa zakresu informacji konfidencjonalnych podlegających obligatoryjnemu udostępnieniu przez bank na żądanie biegłego rewidenta.[141] Dlatego zdaniem E. Fojcik-Mastalskiej, brak ograniczenia tego zakresu oznacza prawo biegłego rewidenta do żądania

[140] Ustawa z dn. 29 wrzesnia 1994 r. o rachunkowości, tekst jedn. Dz. U. z 2009 r. Nr 152, poz 1223 ze zm.
[141] M. Krzysztofek, Tajemnica..., op. cit., s. 154

wszystkich informacji niezbędnych do wydania przez niego opinii o badanym sprawozdaniu finansowym.[142]

Zakres danych konfidencjonalnych, które podlegają przekazaniu przez bank obejmuje informacje o banku jako przedsiębiorstwie, gdyż przedmiotem badania prowadzonego na podstawie zawartej z bankiem umowy jest sprawozdanie finansowe banku. Ponadto, jednak biegły rewident jest uprawniony do dostępu do danych o klientach poddanego badaniu banku. Wynika to z faktu że prowadzona przez bank dokumentacja, w tym księgi rachunkowe, obejmuje między innymi informacje o klientach banku z tytułu czynnośi bankowych, oraz że dane o klientach są niezbędne do wydania przez biegłego rewidenta opinii o badanym sprawozdaniu finansowym.[143]

Warto dodać za M. Krzysztofkiem, iż obowiązek udzielenia biegłemu rewidentowi informacji objętych tajemnicą bankową o klinetach banku powstaje również w przypadkach, gdy jednostką badaną przez biegłego rewidenta jest sam klient banku.

[142] E. Fojcik-Mastalska, „Biegli rewidenci a tajemnica bankowa", „Prawo Bankowe", 2000, nr 9, s. 67
[143] M. Krzysztofek, Tajemnica..., op. cit., s. 155

2.4.7. *Udzielenie przez bank informacji objętch tajemnicą bankową służbom ochrony państwa*

Do katalogu służb ochrony państwa, które posiadają uprawnienia do występowania z żądaniem udzielenia przez bank informacji konfidencjonalnych należą: Agencja Bezpieczeństwa Wewnętrznego, Służba Kontrwywiadu Wojskowego, Agencja Wywiadu, Służby Wywiadu Wojskowego, Centralne Biuro Antykorupcyjne, Policja, Żandarmeria Wojskowa, Straż Graniczna, Służba Więzienna, Biuro Ochrony Rządu. Ponadto z żądaniem mogą wystąpić posiadający ich pisemne upoważnienie funkcjonariusze lub żołnierze w zakresie niezbędnym do przeprowadzenia postępowania sprawdzającego na podstawie przepisów o ochronie informacji niejawnych. Powyższy katalog zawiera art. 105 ust.1 pkt 2 lit. k PrBank. W tym miejscu należy zaznaczyć, iż nieco odmiennie uregulowany został zakres udostępniania danych konfidencjonalnych Policji (opisany szerzej w kolejnym podrozdziale) oraz Szefa Centralnego Biura Antykorupcyjnego.

Przesłanką udzielenia informacji stanowiących tajemnicę bankową jest prowadzenie przez wyżej wymienione służby postępowania poszerzonego i specjalnego. Są to dwa rodzaje postępowania sprawdzającego, którego przeprowadzenie jest warunkiem dopuszczenia do pracy lub pełnienia służby na stanowisku albo zlecenia pracy, z którym może się łączyć dostęp do informacji niejawnych. Pierwsze z postępowań – zgodnie z art. 38 ust. 1 pkt 5 ustawy o ochronie informacji niejawnych[144] - obejmuje sprawdzenie stanu i obrotów na rachunku bankowym oraz zadłużenia osoby sprawdzanej, jeżeli jest to konieczne do sprawdzenia danych zawartych w ankiecie bezpieczeństwa. Do sprawdzenia dochodzi w trybie art. 105 ust. 1 pkt 2 lit. k PrBank. Natomiast w postępowaniu specjalnym podstawę prawną daje art. 39 ustawy o ochronie informacji niejawnych, który w ramach tego postępowania przewiduje rozmowę z osobą sprawdzaną oraz

[144] Ustawa z dn. 22 stycznia 1999 r. o ochronie danych niejawnych, tekst jedn. Dz.U. z 2005 r. Nr 196, poz. 1631 ze zm.

rozmowę z trzema osobami wskazanymi przez osobę sprawdzaną w celu potwierdzenia tożsamości tej osoby oraz innych informacji o osobie sprawdzanej.

Zdaniem M. Krzysztofka należy uznać, że organy wymienione w art. 105 ust. 1 pkt 2 lit. k PrBank nie są uprawnione do żądania od banku informacji objętych tajemnicą bankową o osobach, które nie podlegają postępowaniu sprawdzającemu.[145] Natomiast zdaniem autora przepis ten nakłada na bank obowiązek ujawnienia informacji konfidencjonalnych o osobach trzecich, określonych w ankiecie bezpieczeństwa osobowego.

Odrębnie należy przyjrzeć się udzielaniu danych objętych tajemnicą bankową Centralnemu Biuru Antykorupcyjnemu, które konstruuje art. 105 ust. 1 pkt 2 lit. p PrBank. Artykuł ten wskazuje jako uprawnionego do wystąpienia z żądaniem nie Biuro, ale jego Szefa. Ustawa z 9 czerwca 2006 r. o Centralnym Biurze Antykorupcyjnym[146] stanowi, iż służbą tą kieruje Szef Biura, nadzorowany przez Prezesa Rady Ministrów, działający przy pomocy CBA, które jest urzędem administracji rządowej. Przepis art. 105 ust. 1 pkt 2 lit. p PrBank odwołuje się do art. 23 ustawy o Centralnym Biurze Antykorupcyjnym, który określa tryb i zasady ujawniania przez bank tajemnicy bankowej. Przesłanką udzielenia przez bank tajemnicy bankowej w opisywanym trybie jest to, aby żądanie ujawnienia danych konfidencjonalnych należało do zakresu właściwości CBA, czyli, jak to określa ustawodawca „jeżeli jest to konieczne dla skutecznego zapobieżenia przestępstwom lub ich wykrycia albo ustalenia sprawców i uzyskania dowodów, a także w celu kontroli prawdziwości oświadczeń majątkowych". Do tego celu CBA może „korzystać z przetwarzanych przez banki informacji stanowiących tajemnicę bankową oraz informacji dotyczących umów o rachunek papierów wartościowych, umów o rachunek pieniężny, umów ubezpieczenia lub innych umów dotyczących obrotu instrumentami finansowymi, a w szczególności z przetwarzanych przez

[145] M. Krzysztofek, Tajemnica..., op. cit., s. 160
[146] Ustawa z dn. 9 czerwca 2006 r. o Centralnym Biurze Antykorupcyjnym, Dz.U. Nr 104, poz. 708 ze zm.

uprawnione podmioty danych osób, które zawarły takie umowy." Informacje stanowiące tajemnicę bankową są udostępniane na podstawie postanowienia wydanego na pisemny wniosek Szefa CBA przez Sąd Okręgowy w Warszawie. Uzyskane w ten sposób dane mogą być udostępniane jedynie funkcjonariuszom prowadzącym czynności w danej sprawie i ich przełożonym, uprawnionym do sprawowania nadzoru nad prowadzonymi przez nich w tej sprawie czynnościami operacyjno-rozpoznawczymi. W przypadku gdyby informacje te wydostały się poza Biuro, i trafiły w niepowołane ręce, wówczas odpowiedzialność za szkody wyrządzone naruszeniem przepisów na zasadach określonych w Kodeksie cywilnym ponosi Skarb Państwa.

2.4.8. UDZIELENIE PRZEZ BANK INFORMACJI OBJĘTCH TAJEMNICĄ BANKOWĄ POLICJI

Z żądaniem udostępnienia przetwarzanych przez banki danych objętych tajemnicą bankową Policja może występować na podstawie art. 105 ust. 1 pkt 2 lit. l i lit. s oraz art. 106a PrBank. Zgodnie z pierwszym z tych przepisów, obowiązek udzielenia informacji konfidencjonalnych powstaje pod warunkiem, jeżeli jest to konieczne dla skutecznego zapobieżenia przestępstwom, ich wykrycia albo ustalenia sprawców i uzyskania dowodów, na zasadach i w trybie określonych w art. 20 ustawy z dnia 6 kwietnia 1990 r. o Policji.[147] Drugi przepis rozszerza zakres dostępu Policji do informacji objętych tajemnicą bankową o prowadzenie postępowania przygotowawczego w sprawach o przestępstwa lub czynności wyjaśniających w sprawach o wykroczenia - w zakresie określonym w art. 78 ust. 4 ustawy z dnia 20 czerwca 1997 r. - Prawo o ruchu drogowym[148]. Natomiast art. 106a PrBank nakazuje bankowi w razie zaistnienia uzasadnionego podejrzenia, że jego działalność jest wykorzystywana w celu ukrycia działań przestępczych lub dla celów mających związek z przestępstwem skarbowym zawiadomić o tym właśnie m.in. Policję.

Art. 20 ust. 3 ustawy o Policji ogranicza dopuszczalność dostępu Policji do informacji objętych tajemnicą bankową do przestępstw umyślnych, ściganych z oskarżenia publicznego, określonych w art. w art. 19 ust. 1 tej ustawy.

Procedurę udostępnienia Policji danych objętych tajemnicą bankową określa art. 20 ust. 5 i n. ustawy o Policji. Przepis ten wskazuje, iż informacje konfidencjonalne, udostępnia się na podstawie postanowienia wydanego na pisemny wniosek Komendanta Głównego Policji albo komendanta wojewódzkiego Policji przez sąd okręgowy właściwy miejscowo ze względu na siedzibę wnioskującego organu. Sąd, w drodze postanowienia, wyraża zgodę na udostępnienie informacji, i określa ich rodzaj oraz zakres.

[147] Ustawa z dn. 6 kwietnia 1990 r. o Policji, tekst jedn. Dz.U. z 2007 r. Nr 43, poz. 277 ze zm.

[148] Ustawa z dn. 20 czerwca 1997 r. - Prawo o ruchu drogowym, Dz. U. z 2005 r. Nr 108, poz 908 ze zm.

Szczególnie interesująca przedstawia się kwestia praktycznego wykorzystania art. 106a PrBank, któremu warto poświęcić w tym miejscu nieco więcej uwagi. Jak podaje M. Krzysztofek, przedmiotem wielu żądań Policji jest udzielenie przez bank informacji dotyczącej tożsamości osób kierujących samochodem, którego właścicielem jest bank. Chodzi tutaj przede wszystkim o ustalenie sprawców wykroczeń drogowych na podstawie odczytów z tzw. fotoradarów. Autor przywołuje, iż w uzasadnieniu ustawy z 4 września 2008 r. o zmianie ustawy – Prawo bankowe podano, że w 2006 r. Policja zanotowała około 920 przypadków, w których nie zdołała ustalić sprawców ze względu na to, że ewidencja pojazdów, jako właściciela wskazywała bank, a ten zaś odmawiał udzielenie informacji dotyczącej tożsamości użytkownika auta. Do tego typu sytuacji dochodziło wówczas, gdy samochód był pojazdem służbowym banku albo został przewłaszczony na bank w celu zabezpieczenia wierzytelności. Do 4 września 2008 roku, czyli do czasu wejścia w życie przepisu art. 106a PrBank, banki były zobowiązane do odmawiania Policji dostępu do informacji o tożsamości osoby kierującej samochodem. Po wejściu w życie tego przepisu, Policja zyskała podstawę prawną do występowania do banku o ujawnienie osoby prowadzącej pojazd, gdyż art. 78 ust. 4 ustawy Prawo o ruchu drogowym stanowi wyraźnie, iż „właściciel lub posiadacz pojazdu jest obowiązany wskazać na żądanie uprawnionego organu, komu powierzył pojazd do kierowania lub używania w oznaczonym czasie". Sprawa ta wzbudziła w praktyce wiele kontrowersji i stała się przedmiotem orzeczeń Sądu Najwyższego.[149]

[149] M. Krzysztofek, Tajemnica..., op. cit., s. 170-175

2.4.9. Udzielenie przez bank informacji objętch tajemnicą bankową komornikowi sądowemu

Komornicy mają bezpośredni dostęp do informacji objętych tajemnicą bankową „w związku z toczącym się postępowaniem egzekucyjnym", czyli dopiero po formalnym wszczęciu egzekucji (art. 796 k.p.c. i n.). Według ujęcia art. 761 § 1 k.p.c., od 5 lutego 2005 r., organ egzekucyjny (sąd i komornik) może m.in. od banków zasięgać informacji niezbędnych do prowadzenia egzekucji. Zdaniem M. Bączyka chodzi tutaj głównie o informacje objęte tajemnicą bankową.[150]

Inaczej kwestię tę widzi M. Krzysztofek, który uważa, że uprawnienie do żądania od banku udzielenia informacji stanowiących tajemnicę bankową przysługuje komornikowi sądowemu na zasadach wskazanych w art. 105 ust. 1 pkt 2 lit. ł PrBank. Według autora jest to przepis szczególny wobec postanowień art. 761 § 1 k.p.c. oraz art. 2 ust. 5 ustawy z 29 sierpnia 1997 r. o komornikach sądowych i egzekucji[151], które nie mogą mieć zastosowania do udzielenia przez bank informacji stanowiących tajemnicę bankową. Takie stanowisko podziela również B. Smykla, który zwraca uwagę, że „przepisy aart. 105 mają pierwszeństwo przed normami kompetencyjnymi zawartymi w ustawach ustrojowych właściwych dla podmiotów uprawnionych do żądania od banków udzielenia informacji stanowiących tajemnicę bankową"[152].

Przepis art. 105 ust. 1 pkt 2 lit. ł PrBank nie precyzuje zakresu dostępu komornika sądowego do danych objętych tajemnicą bankową. Wymaga jedynie, aby zakres ten był „niezbędnym do prawidłowego prowadzenia postępowania egzekucyjnego, postępowania zabezpieczającego oraz wykonywania innych czynności wynikających z jego ustawowych zadań". Jak zauważa M. Krzysztofek, weryfikacja przez bank, czy żadane przez komornika informacje sa niezbędne w tych

---

[150] M.Bączyk, Prawo..., op.cit., s. 550-551

[151] Ustawa z dn. 29 sierpnia 1997 r. o komornikach sądowych i egzekucji, tekst jedn. Dz.U. z 2006 r., Nr 167, poz. 1191 ze zm.

[152] B. Smykla, Prawo..., op.cit., s. 368-369

celach, może polegać na ustaleniu, czy żądanie komornika wynika ze wskazanych przez wierzyciela sposobów egzekucji.[153]

[153] M. Krzysztofek, Tajemnica..., op. cit., s. 177

2.4.10. Udzielenie przez bank informacji objętch tajemnicą bankową organom podatkowym oraz organom kontroli celnej

Ustawodawca uprawnienie do żądania udzielenia przez bank informacji konfidencjonalnych daje organom Służby Celnej na zasadach i w trybie określonych w art. 75 ustawy z dnia 27 sierpnia 2009 r. o Służbie Celnej[154].

Przesłanką ujawniania danych objętych tajemnicą bankową jest pisemne żądanie właściwego organu Służby Celnej. Musi być ono wydane z wiązku z „toczącym się postępowaniem o przestępstwo skarbowe prowadzonym przeciwko osobie fizycznej będącej stroną umowy z bankiem lub przestępstwo skarbowe popełnione w zakresie działalności osoby prawnej lub jednostki organizacyjnej niemającej osobowości prawnej, która to osoba lub jednostka jest stroną umowy z bankiem". W takich przypadkach banki są obowiązane do sporządzania i przekazywania na swój koszt informacji, której zakres został przez ustawodawcę enumeratywnie określony. W jej skład wchodzą informacje o: posiadanych rachunkach bankowych w tym rachunkach oszczędnościowych, liczbie i stanach rachunków oraz obrotach na tych rachunkach; posiadanych rachunkach pieniężnych lub rachunkach papierów wartościowych, liczbie i stanach rachunków oraz obrotach na tych rachunkach; zawartych umowach kredytowych lub umowach pożyczki, a także umowach depozytowych; nabytych za pośrednictwem banków akcji Skarbu Państwa lub obligacji Skarbu Państwa, a także obrotach tymi papierami wartościowymi; obrotach wydawanymi przez banki certyfikatami depozytowymi lub innymi papierami wartościowymi. Takie żądanie musi zawierać ponadto oznaczenie posiadacza rachunku oraz okresu objętego informacją.

Do ujawniania tajemnicy bankowej odnoszą się również poszczególne przepisy ordynacji podatkowej, które m.in. obligują osoby prawne do sporządzania i przekazywania na pisemne żądanie organu podatkowego informacji o zdarzeniach

---

[154] Ustawa z dn. 27 sierpnia 2009 r. o Służbie Celnej, Dz. U. Nr 168, poz. 1323

wynikających ze stosunków cywilnoprawnych mogących mieć wpływ na powstanie obowiązku podatkowego; nakładają na bank obowiązek sporządzania i przekazywania, w formie dokumentu elektronicznego, Ministrowi Finansów informacji o złożonych i zlikwidowanych rachunkach bankowych związanych z prowadzeniem działalności gospodarczej. Ponadto obowiązek udzielenia informacji konfidencjonalnych powstaje na pisemne żądanie Ministra Finansów lub jego upoważnionego przedstawiciela ze względu na wystąpienie z takim wnioskiem władz państw obcych. Naczelnicy urzędów skarbowych mogą występować do banków z żądaniem ujawnienia informacji dotyczących wyłącznie strony postępowania podatkowego.[155]

Warto zaznaczyć, że ordynacja podatkowa obliguje bank do odmowy udzielenia organowi podatkowemu informacji konfidencjonalnych w przypadkach, gdy żądanie nie spełnia wymagań formalnych sprecyzowanych w art. 184 § 2 i 3 ord. pod.

[155] M. Krzysztofek, Tajemnica..., op. cit., s. 180-203

2.4.11. Udzielenie przez bank informacji objętch tajemnicą bankową Zakładowi Ubezpieczeń Społecznych

Uprawnienie do pisemnego występowania do banków o ujawnienie informacji konfidencjonalnych ma Zakład Ubezpieczeń Społecznych oraz inne organy wypłacające świadczenia z ubezpieczenia społeczegno lub zaopatrzenia emerytalnego. Należą do nich otwarte fundusze emerytalne oraz Kasa Rolniczego Ubezpieczenia Społecznego.

Trzeba jednak wyraźnie zaznaczyć, iż zakres przedmiotowy danych podlegających obligatoryjnemu przekazaniu przez bank na pisemne żądanie powyżej wymienionych podmiotów jest bardzo ograniczony. Obejmuje on wyłącznie dane dotyczące numerów rachunków bankowych płatników składek oraz dane umożliwiające identyfikację tych rachunków.

Ponadto, przepis art. 105 ust. 2b PrBank stanowi, iż banki, na pisemne żądanie organu wypłacającego świadczenie z ubezpieczenia społecznego lub zaopatrzenia emerytalnego albo uposażenie w stanie spoczynku, są obowiązane do sporządzania i przekazywania danych umożliwiających identyfikację współposiadacza (współposiadaczy) rachunku wspólnego, na który zostały przekazane świadczenia lub uposażenia za okres po śmierci świadczeniobiorcy.

Udostępnianie Zakładowi Ubezpieczeń Społecznych oraz innym organom wypłacającym świadczenie z ubezpieczenia społecznego lub zaopatrzenia emerytalnego podlega krytyce. T. Dukiet-Nagórska uważa, że obowiązek przekazywania informacji umożliwiających identyfikację posiadaczy rachunków jest niezrozumiały, skro w zbiorach ZUS posiadacz rachunku figuruje jako płatnik składek, jest przez Zakład zidentyfikowany.[156]

---

[156] T. Dukiet-Nagórska, „Ujawnianie tajemnicy bankowej", Prawo bankowe, 2005, nr 4, s. 62

2.4.12. Udzielenie przez bank informacji objętch tajemnicą bankową Generalnemu Inspektorowi Informacji Finansowej

Podmiotem uprawnionym do udzielania mu przez bank informacji objętych tajemnicą bankową jest również Generalny Inspektor Informacji Finansowej. W tym przypadku jednak ustawodawca w art. 105 ust. 2 PrBank odsyła do odrębnej ustawy, którą jest ustawa z 16 listopada 2000 r. o przeciwdziałaniu praniu pieniędzy oraz finansowaniu terroryzmu.[157]

W myśl art. 29 ustawy o przeciwdziałaniu praniu pieniędzy, do ujawniania Generalnemu Inspektorowi Informacji Finansowej nie stosuje się przepisów ograniczających udostępnianie danych objętych tajemnicą bankową.

Obowiązek ujawniania dotyczy zarówno banków krajowych, jak i oddziałów banków zagranicznych.

Ustawa o przeciwdziałaniu praniu pieniędzy w art. 8 ust. 1 przewiduje przekazanie przez banki informacji o zarejestrowanych transakcjach o wartości przekraczającej 15 000 euro Generalnemu Inspektorowi Informacji Finansowej. Podlegają one przekazaniu w terminie 14 dni po upływie każdego miesiąca kalendarzowego, a informacje o transkacjach podejrzanych – niezwłocznie. Ponadto Generalny Inspekor jest uprawniony do otrzymania informacji o transakcjach podlegających ustawie na pisemne żądanie.

Obowiązek przekazania przez bank informacji konfidencjonalnych powstaje również na podstawie art. 20d ustawy w przypadku zamrożenia wartości

[157] Ustawa z dn. 16 listopada 2000 r. o przeciwdziałaniu praniu pieniędzy oraz finansowaniu terroryzmu, tekst jedn. Dz.U. z 2003 r. Nr 153, poz. 1505 ze zm. (pierwotny tytuł ustawy brzmiał: „o przeciwdziałaniu wprowadzaniu do obrotu finansowego wartości majątkowych pochodzących z nielegalnych lub nieujawnionych źródeł oraz o przeciwdziałaniu finansowaniu terroryzmu oraz o zmianie niektórych innych ustaw")

majątkowych[158]. W takich sytuacjach obejmuje wszystkie posiadane przez bank dane związane z tym zamrożeniem.

Ponadto tajemnica bankowa jest ujawniana przez bank w ramach kontroli wypełniania obowiązków w zakresie przeciwdziałania praniu pieniędzy oraz finansowaniu terrorozyzmu. Kontrolę tę sprawują Generalny Inspektor Informacji Finansowej oraz Komisja Nadzoru Finansowego.

[158] Poprzez zamrażanie rozumie się zapobieganie przenoszeniu, zmianie, wykorzystaniu wartości majątkowych lub przeprowadzaniu transakcji w jakikolwiek sposób, który może spowodować zmianę ich wielkości, wartości, miejsca, własności, posiadania, charakteru, przeznaczenia lub jakąkolwiek inną zmianę, która może umożliwić korzystanie z wartości majątkowych

3. Tajemnica bankowa w prawie wybranych państw europejskich

3.1. Uregulowania tajemnicy bankowej w Szwajcarii

Współcześnie tajemnica bankowa jest postrzegana jako obowiązek o charakterze publicznoprawnym. Ustawodawstwo wielu krajów reguluje – niekiedy w sposób niezwykle szczegółowy – zarówno zakres, jak i dopuszczalne wyjątki od zasady tajemnicy bankowej. Tendencja ta została zapoczątkowana w ustawodawstwie przyjętym w 1934 r. w Szwajcarii, gdzie w miejsce zwyczajowgo dotąd obowiązku zachowania dyskrecji w stosunkach na linii bank – klient wprowodzono ustawowy obowiązek dochowania tajemnicy bankowej. Reguluje to w sposób jednoznaczny art. 47 szwajcarskiego prawa o bankach oraz o bankach oszczędnościowych z 1934 r., który brzmi następująco: „Ten, który w swych czynnościach jest członkiem organu, pracownikiem, mandatariuszem, likwidatorem lub komisarzem banku, członkiem komisji banków lub jeszcze członkiem organu albo instytucji rewizyjnych wyjawi powierzoną mu tajemnicę, lub o którym było mu wiadomo z tytułu wykonywanych obowiązków, ten który będzie nakłaniał osobę trzecią do zdradzenia tajemnicy zawodowej, będzie skazany na karę więzienia sześciu miesięcy i dłużej oraz grzywnę do 50 000 franków. (...) Pogwałcenie tajemnicy pozostaje karalne nawet wtedy, kiedy odpowiedzialność lub praca została zakończona, lub będący w posiadaniu tajemnicy nie wykonuje dłużej zawodu." Z powyższego wynika, iż naruszenie tajemnicy bankowej uznano za przestępstwo ściagne z urzędu. Sankcje określał art. 273 szwajcarskiego kodeksu karnego z 1934 r. Takie unormowanie przyjęto w Szwajcarii pod wpływem okoliczności zewnętrznych. Chodziło mianowicie o zapewnienie ochrony lokowanych w Szwajcarii majątków osób zagrożonych prześladowaniami ze strony rządzących wówczas w Niemczech hitlerowców.[159] W tamtym czasie nazistowscy szpiedzy poszukiwali informacji na temat wysokości depozytów niemieckich żydów. Aby jeszcze wydajnie wzmocnić ochronę swoich

[159] A. Janiak, Przywieleje..., op. cit., s. 101

klientów, szwajcarskie banki wprowadziły ponadto możliwość otwierania kont bankowych bez konieczności ujawniania tożsamości wpłacającego. Były to lokaty na hasło albo na okaziciela.

Dzięki utrzymaniu powyżej opisanych zasad również po II wojnie światowej pomogło wydatnie w ugruntowaniu renomy szwajcarskich banków. Przez długie lata były one postrzegane jako te, które chronią tajemnicę bankową najlepiej na świecie. Sama Szwajcaria była i jest uznawana za raj bankowy i podatkowy.[160] Jak podaje E. Gostomski „współczesna Szwajcaria to bardzo ważne centrum finansowe na świecie, bo przyciąga około jednej trzeciej wszystkich prywatnych środków finansowych lokowanych przez ich właścicieli poza granicami swojego kraju." Autor ten dodaje, iż ścisłe przestrzeganie przez szwajcarskie banki tajemnicy bankowej sprzyja napływowi kapitału do Szwajcarii, który następnie lokowany jest przez szwajcarskie instytucje finansowe na całym świecie, przynosząc im wysokie dochody.[161] „Dyskrecja, dobra obsługa, polityczna i gospodarcza stabilność oraz odpowiednia lokalizacja uczyniły ze Szwajcarii wielki sejf dla despotów i finansowych potentatów" – charakteryzuje z kolei funkcjonujący w Szwajcarii bankowy system ochrony danych o klientach na łamach „Financial Times" H. Simonian.[162]

Rozwiązanie wprowadzone w 1934 r. w Szwajcarii stało się wzorem dla uregulowań w innych państwach. Tajemnicę bankową oraz odpowiedzialność karną za jej naruszenie przewiduje m.in. prawo francuskie, austriackie, irlandzkie, fińskie, węgierskie oraz polskie. Jako uzasadnienie ingerencji państwa w tę dziedzinę wskazuje się interes publiczny. Chodzi mianowicie o to, że tajemnica bankowa chroni przed utratą zaufania do instytucji finansowych i wzmacnia zaufanie do krajowego systemu bankowego. Ma to duże znaczenie przy panującej obecnie konkurencji międzynarodowej na rynku usług finansowo-bankowych.

---

[160] J. Głuchowski, Oazy podatkowe, Warszawa 1996, s. 185
[161] E. Gostomski, „Tajemnica bankowa w Szwajcarii", Gazeta Bankowa, lipiec 2007
[162] H. Simonian, tłum. T.B., „Tajemnica bankowa kruszeje, ale nie do końca", Financial Times, luty 2009

Warto, więc zapytać na czym polega istota tajemnicy bankowej w uregulowaniach prawnych przyjętych w Szwajcarii? Podobnie, jak w innych państwach, tak samo i w Szwajcarii tajemnica bankowa stanowi przede wszystkim zakaz informowania przez bank, tj. przez jego organy, pracowników, a także osoby sprawujące nadzór nad bankiem, osób trzecich o sytuacji finansowej klienta oraz o wszelkich dokonywanych z nim lub zamierzonych operacjach bankowych. Tajemnicą bankową w Szwajcarii objęte są wszystkie informacje konfidencjonalne: zarówno liczbowe, jak i opisowe dotyczące stosunków klienta z bankiem, a także informacje o samym kliencie, które pozyskał bank w trakcie współpracy z nim. Warto dodać, że tajemnica w Szwajcarii nie ma charakteru absolutnego (podstawowego prawa obywatelskiego), lecz jest jedynie normą prawną, która w ściśle określonych przypadkach w interesie państwa może zostać zawieszona. Oznacza to np., że banku nie obowiązuje zachowanie tajemnicy wobec samego klienta, jego pełnomocników i spadkobierców. Ponadto banki w Szwacjarii, podobnie, jak te w Polsce, mają obowiązek udzielenia informacji objętych tajemnicą bankową organom państwowym w sytuacjach określonych przez konkretne ustawy. W przypadkach określonych przez szczegółowe regulacje prawne banki mają obowiązek udzielenia zainteresowanym podmiotom informacji objętych tajemnicą bankową. Do uchylenia tajemnicy bankowej w Szwajcarii dochodzi w następującyh przypadkach: prowadzenia postępowania karnego, postępowania upadłościowego, postępowania spadkowego, spraw małżeńskich (sędzia w przypadku prowadzenia sprawy o podział majątku może zobowiązać małżonków, by przekazali sobie informacje o stanie konta, co w konsekwencji może prowadzić do zawieszenia tajemnicy bankowej), fałszerstwa podatkowego, a także w ramach międzynarodowej pomocy prawnej, ale gdy chodzi tylko o złamanie prawa dewizowego lub niezapłacenie podatku przez obcokrajowców, to banki szwajcarskie żadnych informacji objętych tajemnicą bankową nie udzielają. Ponadto, prawo do ochrony sfery prywatnej w Szwajcarii nie obowiązuje wtedy, gdy toczy się postępowanie karne przeciwko danej osobie w związku z: „praniem brudnych pieniędzy", korupcją, ujawnieniem przez nią informacji poufnych dotyczących emitenta papierów wartościowych i oszustwami podatkowymi. E. Gostomski dodaje, iż przestępstwem podatkowym w Szwajcarii nie jest jednak to, gdy ktoś „zapomniał" opodatkować części swoich dochodów. W takiej sytuacji banki, zasłaniając się istnieniem tajemnicy bankowej, nie mają obowiązku udzielać odpowiednim władzom podatkowym jakichkolwiek informacji.[163] Wynika to z faktu, iż w prawie szwajcarskim występuje rozróżnienie między oszustwem podatkowym a unikaniem opodatkowania. Oszustwo podatkowe jest przestępstwem i w takich przypadkach Szwajcarzy m.in. służą pomocą prawną dla służb podatkowych z innych państw. Natomiast, unikanie opodatkowania jest traktowane jako naruszenie prawa cywilnego i w takim przypadku Szwajcaria nie udziela pomocy prawnej.

Działając na rzecz tzw. uczciwości podatkowej banki szwajcarskie pobierają, jednak u źródła 35 proc. podatku od dochodów odsetkowych. Dotyczy to także cudzoziemców. Mieszkańcom Szwajcarii w określonych sytuacjach podatek ten jest zwracany.

W historii zanotowano kilka prób „zmiękczenia" szwajcarskiej tajemnicy bankowej. Zawsze chodziło o ujawnienia przez miejscowych bankierów informacji o wybranych grupach klientów. Jak wspomniano wcześniej, w latach 30-tych naziści próbowali posiąść informacje o majątkach niemieckich żydów. W czasach współczesnych władze innych państw chciały otrzymać dostęp do informacji o pieniądzach przechowywanych na kontach w Szwajcarii przez ich zamożnych obywateli, którzy w ten sposób ukrywali swoje dochody przed krajowymi organami podatkowymi. Ostatnia głośna próba przełamania szwajcarskiej tajemnicy bankowej miała miejsce na początku 2009 roku. „Szwajcarska tajemnica bankowa przez całe dziesięciolecia trwała mocno i niewzruszenie niczym lodowiec. Teraz nagle masywny lodowiec zaczyna pękać w wyniku zmian w podejściu do regulacji rynków – ogłosił w lutym 2009 roku "Financial Times". Powodem takiej publikacji była warta 780 milionów dolarów ugoda między szwajcarskim bankiem UBS, a

[163] E. Gostomski, „Tajemnica...", op. cit.

amerykańskim Departamentem Sprawiedliwości. Dotyczyła ona oskarżeń kierowanych pod adresem największej na świecie firmy do zarządzania majątkiem o udzielanie pomocy w unikaniu podatków przez jej bogatych klientów w USA. Rok wcześniej amerykańskie służby skarbowe IRS przedstawiły raport, który ujawniał, że od 2001 r. bank UBS pomógł założyć 19 tys. kont, na których zachomikowano 18 mld dol. Straty amerykańskiego fiskusa oceniano na 2 mld dol.[164] Na fali tych oskarżeń ówczesny premier Wielkiej Brytanii - Gordon Brown - wezwał Szwajcarię do większej transparentności, a niemiecki minister finansów - Peer Steinbrück - zaatakował mały Liechtenstein, co zdaniem „FT" stanowiło swoiste preludium przed zmasowanym ostrzałem Szwajcarów. W tym samym tekście, słusznie zauważono, iż tajemnica bankowa nigdy nie była całkowicie „wodoszczelna". W przeszłości, bowiem uchylano jej rąbka – często za aprobatą Szwajcarów – aby osiągnąć ogólniejsze cele, jak na przykład zawarcie porozumienia o unikaniu podwójnego opodatkowania, które były kluczowe dla wielkich szwajcarskich firm, eksportujących artykuły przemysłowe.[165]

[164] R. Zasuń, „Gigantyczna afera podatkowa w USA", Gazeta Wyborcza, lipiec 2008
[165] H. Simonian, tłum. T.B., „Tajemnica...", op. cit.

3.2. Uregulowania tajemnicy bankowej w Niemczech

W odróżnieniu od Szwajcarii, w Niemczech nie ma bezpośredniej ustawowej regulacji tajemnicy bankowej. Jak pisze A. Janiak w książce „Przywileje bankowe w prawie polskim" doktryna niemiecka odwołuje się do konstytucyjnych praw i wolności obywatelskich.

Niektórzy autorzy przyjmują, że prawo klienta banku do tajemnicy bankowej można wywieść z prawa do ochrony sfery prywatności (Geheimsfere), utożsamianej z tzw. sferą intymności, która jest chorniona na mocy art. 1 niemieckiej ustawy zasadniczej.[166] Inni autorzy za podstawę ochrony uznaję art. 2 niemieckiej Konstytucji, który mówi o prawie wolnego i swobodnego rozwoju osobowości.

W doktrynie niemieckiej przyjmuje się również, iż obowiązek zachowania tajemnicy bankowej to obowiązek umowny, zawarty w kontrakcie banku z klientem. Ma to tak fundamentalny charakter, że niepotrzebne jest wspominanie o tym obowiązku explicite w ustawie.[167]

Można, więc przyjąć, iż w Niemczech tajemnica bankowa traktowana jest jako prawo zwyczajowe.

W odróżnieniu do Szwacjarii, w Niemczech, jednak banki zobowiązane są do zgłaszania urzędom skarbowym wysokości dochodów danego podatnika z tytułu odsetek kapitałowych. Na podstawie tych danych tamtejszy fiskus może wywnioskować, jaki kapitał ktoś zgromadził na koncie. Także obowiązkowe opodatkowanie odsetek kapitałowych banki regulują bezpośrednio z urzędami skarbowymi. W praktyce sprawia to, że jeżeli ktoś chce zataić wielkość swojego majątku, musi lokować swoje pieniądze poza granicami Niemiec.[168]

---

166 A. Janiak, Przywieleje..., op. cit., s. 102,
167 A. Janiak, Przywieleje..., op. cit., s. 99,
168 Henrik Boehme, Małgorzata Matzke, „Jaka tam tajemnica!", Deutche Welle, luty 2010

Najgłośniejsza afera związana z uciekaniem przed mackami niemieckiego fiskusa wybuchła w 2008 roku, kiedy ujawniono, że wielu bogatych podatników unikało wysokich niemieckich podatków dzięki kontom w Liechtensteinie. Afera podatkowa ujawniła współpracę tamtejszych banków z niemieckimi oszustami finansowymi. Podstawowym materiałem dowodowym w tej aferze były dane bankowe kupione przez niemiecki wywiad BND od anonimowego bankowca za 4,2 mln euro. Dysk komputerowy zawierał informacje o 1,4 tys. osobach, które w Liechtensteinie ukrywały pieniądze przed fiskusem w swoich krajach. Umożliwiały to specjalne fundacje. Dochody podatników zamiast na ich konta np. w Niemczech, trafiały przez łańcuszek pośredników na rachunki fundacji w banku LGT.[169]

[169] R. Zasuń, „Globalny skandal podatkowy", Gazeta Wyborcza, luty 2008

ZAKOŃCZENIE

Funkcjonowanie tajemnicy bankowej w polskim prawie stanowi realizację konstytucyjnej zasady ochrony prawa do prywatności wyrażonej w rozdziale III ustawy zasadniczej, zatytułowanym „Wolności, prawa i obowiązki człowieka i obywatela". Art. 47 Konstytucji stwierdza wprost, iż „każdy ma prawo do ochrony prawnej życia prywatnego, rodzinnego, czci i dobrego imienia oraz do decydowania o swoim życiu osobistym". Jednym z elementów życia prywatnego jest stan majątkowy człowieka, w skład którego wchodzą m.in. wysokość oszczędności, stan konta bankowego czy dokonywane operacje finansowe. Stąd wynika potrzeba ich ochrony poprzez wprowadzenie do systemu prawnego szczególnych regulacji, nakładających na instytucje finansowe obracające pieniędzmi (w Polsce chodzi o banki), obowiązku zachowania w poufności danych dotyczących ich klientów oraz stanu posiadanych przez nich oszczędności. W Polsce taka ochrona została zapisana w ustawie Prawo bankowe. Podobne rozwiązanie, choć oczywiście bardziej rygorystyczne w zakresie złamania zasady poufności, przyjęto w Szwajcarii, gdzie ochrona danych konfidencjonalnych obywateli została zapisana w oddzielnej ustawie. Inaczej jest w Niemczech, gdzie tajemnica bankowa stanowi rodzaj prawa zwyczajowego, interpretowanego z Konstytucji. Nie został on wyrażony w odrębnej ustawie.

Główne założenie tajemnicy bankowej w Polsce opiera się na tym, że banki, osoby w nich zatrudnione oraz osoby za pośrednictwem których bank wykonuje czynności bankowe obowiązane są zachować w tajemnicy wszystkie informacje dotyczące czynności bankowej. Poprzez pojęcie wszystkie rozumie się, że bank jest zobowiązany zachować w tajemnicy nie tylko informacje na temat treści konktretnych umów z klientami, ale również informacji odnośnie innych czynności bankowych, informacji związanych z osobami dokonującymi czynności, a nawet tylko powiązanymi z osobą, które taką czynność wykonują. Ustawodawca nie ogranicza w czasie obowiązków w zakresie dochowania tajemnicy bankowej. Nie obowiązuje ona oczywiście w stosunku do osoby, której dotyczą informacje objęte poufnością. Jest ona beneficjentem tajemnicy bankowej. Informacje konfidencjonalne mogą być co prawda ujawniane innym osobm i instytucjom, ale tylko na podstawie upoważnienia udzielnego bankowi przez ich beneficjenta lub z mocy ustawy. Wśród tych instytucji przykładowo można wspomnieć o: innych bankach, Komisji Nadzoru Finansowego, sądzie, prokuratorze, organach Służby Celnej, Prezesie Najwyższej Izby Kontroli, służbach ochrony państwa (Agencja Wywiadu, Centralne Biuro Antykorupcyjne) czy biegłych rewidentach. Trzeba pamiętać, że osoby i instytucje upoważnione do dostępu do tajemnicy bankowej mogą wykorzystać uzyskane informacje wyłącznie w granicach upoważnienia. Ujawnienie informacji stanowiących tajemnicę bankową niezgodnie z upoważnieniem skutkuje odpowiedzialnością karną określoną w art. 171 ust. 5 PrBank. Bank nie ponosi, jednak odpowiedzialności za szkody wynikające z ujawnienia danych konfidencjonalnych i wykorzystania ich niezgodnie z przeznaczniem przez osoby i instytucje upoważnione przez ustawę do żądania od banków udzielania informacji stanowiących tajemnicę bankową. Ustawodawca reguluje przypadki, w których może być ujawniona tajemnica bankowa, formułuje podstawowe zasady określające granice wykorzystania wiadomości objętych tajemnicą przez podmioty upoważnione do uzyskiwania tych wiadomości od banku, a także określa zasady odpowiedzialności cywilnej banku za szkody wynikające z ujawnienia tajemnicy bankowej i jej wykorzystania niezgodnie z przeznaczeniem.

Biorąc pod uwagę obecny stan prawny należy przyznać, iż zniesienie instytucji tajemnicy bankowej jest niemożliwe. Zaporę nie do przejścia w tym zakresie stanowi wspomniana powyżej konstytucyjna zasada ochrony prawa do prywatności, potwierdzona m.in. w orzecznictwie Trybunału Konstytucyjnego. Dodatkowo tajemnica bankowa jest zabezpieczona w Konwencji o Ochronie Praw Człowieka i Podstawowych Wolności, która zakazuje władzy ingerencji w prawo do prywatności.

Należy wykluczyć również możliwość wprowadzenia postulowanej bezwzględnej tajemnicy bankowej. W tym względzie mur stanowi prawo unii europejskiej, w tym m.in. dyrektywa Parlamentu Europejskiego i Rady z 2005 roku w sprawie przeciwdziałania korzystaniu z systemu finansowego w celu prania pieniędzy oraz finansowania terrozyzmu[170]. Bezwzględna tajemnica bankowa uniemożliwiałaby, bowiem zapobieganie praniu pieniędzy, zapewniając tym samym, nieskrępowane działanie grup przestępczych. Nie bez znaczenia pozostaje również międzynarodowa presja wywierana na państwa, które stosują szczególnie rygorystyczną tajemnicę bankową, czego najlepszym przykładem są opisane naciski na Szwajcarię.

Mimo prawnych możliwości całkowitego zniesienia tajemnicy bankowej, albo wręcz odwrotnie – wprowadzenia bezwzględnej tajemnicy bankowej – postuluje się doprowadzenie do stanu równowagi między listą organów i podmiotów uprawnionych do żądania od banków udzielenia informacji objętych tajemnicą a prawem klientów banków do prywatności. Zdaniem wielu autorów, obecna lista podmiotów uprawnionych do żądania od banków udzielenia informacji stanowiących tajemnicę bankową jest zbyt obszerna. Uzasadania przez to tezę o iluzoryczności tajemnicy bankowej i potrzebie zmiany przepisów. Doktrynę niepokoi tendencja do zwiększania listy uprawnionych organów, która w przeciągu dwunastu lat (od 1998 do 2009 r.) wzrosła ponadtrzykrotnie. Było to podyktowane interesem publicznym państwa wyrażanym poprzez np. konieczność zapobiegania szkodliwym skutkom prania pieniędzy czy kwestiom fiskalnym. Realizacja interesu publicznego wymaga jednak naruszenia prawa do prywatności, stąd wniosek przedstawicieli doktryny o ważenie tych dóbr przed podjęciem decyzji o kolejnym rozszerzeniu katalogu organów, którym udostępnia się dane, stanowiące tajemnicę bankową.

[170] Dyrektywa 2005/60/We Parlamentu Europejskiego i Rady z 2005 r. w sprawie przeciwdziałania korzystaniu z systemu finansowego w celu prania pieniędzy oraz finansowania terrozyzmu

Trzeba jednoznacznie stwierdzić, iż istnienie i funkcjowanie tajemnicy bankowej, mimo kontrowersji, które wywołuje w opisanych powyżej aspektach, jest rozwiązaniem potrzebnym. Buduje ono niezbędne zaufanie do banku, jako instytucji zaufania publicznego. Tworzy poczucie bezpieczeństwa wśród obywateli, którzy mogą mieć pewność, iż posiadane przez nich środki finansowe pozostaną w sferze ich prywatności, i niepowołane osoby lub instytucje nie będą miały do nich dostępu. Otwartym pytaniem pozostaje natomiast kwestia katalogu instytucji, które mogą żądać udostępnienia danych objętych tajemnicą. Ich zbyt duża liczba może w pewnym momencie doprowadzić do stanu, iż ochrona informacji konfidencjonalnych stanie się fikcją, ale aby odpowiedź na pytanie czy rozszerzać ten katalog, czy go ograniczać, zależy od tego, jaki model państwa przyjjmiemy. W konsekwencji będzie to rzutowało na postrzeganie całego systemu bankowego w Polsce. Z jednej strony może on pójść drogą Szwajcarii, gdzie ścisłe przestrzeganie przez banki tajemnicy bankowej sprzyja napływowi kapitału. Natomiast z drugiej strony nasuwa się model Niemiecki, gdzie udostępnianie organom podatkowym informacji o wysokości dochodów danego podatnika z tytułu odsetek kapitałowych, sprawiło, iż zamożni obywatele zaczęli przenosić swoje aktywa do innych państw, a zwłaszcza do rajów podatkowych. Na tym tle, rozwiązania przyjęte w Polsce wydają się być umiarkowanymi: obecnie nie grożą one zbyt wielkim lokowaniem kapitału za granicą, ale w przyszłości zbyt duży dostęp instytucji państwowych do danych objętych tajemnicą może uruchomić procesy, jakie obserwuje się w ostatnich latach w Niemczech.

BIBLIOGRAFIA

1. Bączyk M., [w:] Prawo bankowe. Komentarz, E. Fojcik-Mastalska (red.), Warszawa 2007
2. Byrski J., „Zakres oraz zasady udzielania przez bank uprawnionym organom informacji stanowiących tajemnicę bankową na tle proponowanych zmina w Prawie bankowym", „Prawo bankowe", 2007, nr 11
3. Dąbrowska M., Bank jako instytucja zaufania publicznego, Bankowy Fundusz Gwarancyjny, 2005
4. Dukiet-Nagórska T., „Ujawnianie tajemnicy bankowej", Prawo bankowe, 2005, nr 4
5. Fojcik-Mastalska E., Prawo bankowe. Komentarz, red. E.Fojcik-Mastalska
6. Fojcik-Mastalska E., „Biegli rewidenci a tajemnica bankowa", „Prawo Bankowe", 2000, nr 9
7. Gliniecka J., Tajemnica bankowa w ujęciu prawnym, Sopot 1999
8. Gostomski E., „Tajemnica bankowa w Szwajcarii", Gazeta Bankowa, lipiec 2007
9. Góral L., Nadzór bankowy, Warszawa 1998
10. Janiak A., Przywileje bankowe w prawie polskim, wyd. 1, Zakamycze Kraków 2003
11. Królikowski J., Ryzyko niezachowania tajemnicy bankowej, „Rzeczpospolita" z 6 czerwca 2006 r.
12. Kuk M., Banki chcą więcej danych z Biura Informacji Kredytowej, „Gazeta Prawna" z 8 stycznia 2009 r.
13. Krzysztofek M., Tajemnica bankowa i ochrona danych osobowych w praktyce bankowej, Wyd. 1, Warszawa 2010
14. Majewski J., Przestępne użycie określeń „bank" lub „kasa", „Prawo bankowe" 2000, nr 5
15. Mazur L., Prawo bankowe. Komentarz, wyd. 2, Warszawa 2008

16.Ofiarski Z., Prawo bankowe, wyd.3, Warszawa 2008

17.Płończyk K., Podlasko P. [w:] Prawo bankowe. Komentarz, red. F. Zoll, Zakamycze 2005

18.Smykla B., „Dostęp prokuratora do informacji chronionych tajemnicą bankową", Prokurator 2-3 (22-23) / 2005

19.Smykla B., Prawo bankowe. Komentarz,Warszawa 2005

20.Snakowska E., Rusek M., Przeciwdziałanie praniu pieniędzy w bankach na podstawie ustawy z 16.11.2000 r. a obowiązek zachowania tajemnicy bankowej, Rej. 2003, Nr 2, s.77

21.Sobol E., Nowy słownik języka polskiego, Warszawa 2002

FSC
www.fsc.org
MIX
Papier | Fördert gute Waldnutzung
FSC® C083411

Kolibri 360 GmbH
Ferdinand-Jühlke-Straße 7
99095 Erfurt, Deutschland
produktsicherheit@kolibri360.de

Druck:
CPI Druckdienstleistungen GmbH
im Auftrag der
Kolibri 360 GmbH
Ferdinand-Jühlke-Str. 7
99095 Erfurt